图书在版编目（ＣＩＰ）数据

篮球运动教学改革与创新研究 / 刘培庆著 . — 北京：
北京燕山出版社 , 2023.5
　　ISBN 978-7-5402-6946-3

Ⅰ . ①篮… Ⅱ . ①刘… Ⅲ . ①篮球运动—体育教学—
教学研究 Ⅳ . ① G841.2

中国国家版本馆 CIP 数据核字（2023）第 093382 号

篮球运动教学改革与创新研究

著者：刘培庆
责任编辑：邓京
封面设计：马静静
出版发行：北京燕山出版社有限公司
社址：北京市西城区椿树街道琉璃厂西街 20 号
邮编：100052
电话传真：86-10-65240430（总编室）
印刷：北京亚吉飞数码科技有限公司
成品尺寸：170mm×240mm
字数：210 千字
印张：13.25
版别：2024 年 3 月第 1 版
印次：2024 年 3 月第 1 次印刷
ISBN：978-7-5402-6946-3
定价：81.00 元

前　言

　　篮球运动作为一项世界性体育运动,随着不断的发展演化,已经成为一项群众性体育运动,也是当今学校体育教学当中的一个重要教学内容。现如今,建设体育强国的目标、实现学校体育立德树人的根本任务和学生现实需求的变化都需要篮球运动教学不断创新和发展,必须加快篮球运动教学改革的步伐。篮球运动教学包含了多学科的理论知识,生理学、教育学、心理学和社会学等都为篮球运动教学的发展提供了重要的理论支撑,也保障了篮球运动与教学工作的顺利开展。在篮球运动的改革与创新中,全面掌握篮球发展变化历程、了解当前我国篮球运动教学的发展现状与存在的问题、准确把握政策导向,才能在此基础上进行探索和改革。作为一名篮球教育工作者,篮球运动训练和比赛经历、篮球课程教学经验都很丰富,笔者怀着对篮球运动与教学的热爱,以及对中国篮球事业发展的殷切期望,在参考、借鉴前辈和同僚的著作、学术资料等基础上撰写了本书,希望能够将自己的研读心得和实践经验相结合,为新时代篮球运动教学的改革与创新提供一些助益。

　　本书共分为八个章节,第一章从篮球运动教学改革的历史与必然性入手,介绍了篮球运动教学训练的发展演化、篮球运动教学现状与存在的问题、篮球运动教学改革的政策导向以及篮球运动教学改革的发展趋势与特点;第二章介绍篮球运动教学的理论基础,重点阐述了生理学、教育学、心理学和社会学理论基础;第三章基于篮球运动教学要素的改革和创新,分析了教学目标、教学内容、教学方法、教学模式和教学评价五个要素的改革创新思路;第四章是关于篮球技术的教学与创新,从技术的理论到教学的实践,提供了可供借鉴的学与练内容,并结合自己的实践经验提出一些技术创新的思路;第五章是关于篮球运动战术教学与创新,同样结合了理论、练习与创新的相关内容。第六章介绍篮球运动损伤风险防范与应急预案,使读者全面了解篮球运动损伤的常见类型,减少运动中的损伤,科学参与训练。第七章重点介绍篮球游戏,基于游戏创新的视角,为读者介绍了游戏设计与创新的原则与方法,并提供了一些不同类型的篮球游戏内容;第八章以课程思政视角为切入点,着重介绍体育课程中融入思政的方法与路径,并提供了一些关于篮球课程思政的案例素材,以期为篮球运动教学改革提供一些新的思路。全书的内容具有系统性、创新性和多样性,知识点通俗易懂、理论研究科学严谨、语言描述准确、章节划分合理、资料翔实、与实践密切结合,能够为当前篮球运动教学改革提供合理的建议和科学的指导。

最后,在本人准备和完成本书的过程中,各位前辈、朋友与家人的支持与帮助,给予了我莫大的信心与动力,也为本书的撰写提供了很多好的建议,在此表示衷心的感谢。尽管笔者已经竭尽全力撰写此书,但是由于笔者水平有限,心中仍不免诚惶诚恐,书中难免存在不足之处,敬请广大体育界的专家、同僚和读者不吝批评指正。

作　者
2023 年 3 月

目 录

第一章

篮球运动教学改革的历史与必然性

篮球运动作为我国三大球项目之一，具有强大的群众基础，也深受广大运动爱好者的青睐。作为体育教学的一项重要课程，篮球运动教学也伴随着需求的变化而不断改革，以适应社会发展对学校体育教学提出的新要求。本章将从篮球运动教学训练的发展演化、篮球运动教学的现状与存在问题、篮球运动教学改革的政策导向、篮球运动教学改革的趋势和特点入手展开研究，阐述篮球运动教学改革的历史与必然性。

第一节　篮球运动教学训练的发展演化

篮球运动具有整体性、层次性、结构功能开放性、环境适应性、动态演化性、不可逆性和有序性的发展规律,在遵循这些基本规律的前提下,篮球运动教学训练的发展演化主要表现在以下几个方面。

一、篮球规则和技术的更新与优化

篮球运动发展至今,其规则千变万化,篮球技术的迭代优化同样如此。篮球运动教学是在篮球规则的引导下进行的活动,篮球规则的改变需要教师在篮球运动教学中作出相应的改变。分析篮球规则可以发现,从篮球比赛的角度来看,主要是通过如掷球入界和暂停次数、技术犯规和 24 秒等规则的变化,来进行篮球教学的改革探索。[①]

（一）最后 2 分钟掷球入界规则的改变

2006 年以前并没有特别的规定,2006 年开始增加了一项新的规定:拥有球权的球队在比赛的最后 2 分钟执行掷球入界,队员应双脚骑跨在中线的延长线,并能将球传给场上任何位置的队员。后续该规则又进行了相应的变化,为最后 2 分钟的掷球入界提供了更多的选择,但也对教练员的决策能力和球员的执行能力提出了更高的要求,无论作为进攻方还是防守方,进攻战术和防守战术的可变空间变大,技术和战术的选择更加多样化,在促进攻防战术发展的同时也对篮球运动教学存在较大影响,尤其是对篮球专项教学来说,在某些竞技场合就能决定比赛的胜负。

---

① 尚仲辉. 篮球竞赛规则的演变对篮球技战术和篮球文化影响研究 [D]. 西安:西安体育学院,2021.

因此,篮球教学需要在教学过程中有针对性地将这部分内容融入到教学中,包括后场掷界外球时的进攻战术,或前场掷界外球时的进攻战术,明确掷界外球位置的优缺点,以及应该执行何种攻防战术,从而帮助球员明确自己掷界外球的目的和意义。在教学过程中,篮球教学需要有针对性,其次需要利用好 2 分钟半场对抗进行集中注意力教学和紧迫气氛的营造,选择制订好相应的掷界外球进攻战术,提高学生打关键比分和关键球的能力。

（二）暂停次数规则的变化

在暂停次数上,规则由 2002 年修改前的上下半场各 2 次到 2014 年增加到 5 次,还规定比赛最后 2 分钟暂停次数最多为 2 次。暂停的使用越来越谨慎,篮球比赛的魅力、球员的智慧以及自我调整的能力更为突出。[①]

（三）技术犯规和进攻时间的变化

在对技术犯规和进攻时间的规定上,一个明显的变化就是简化比赛流程,给予球员及其战术变换更大的发挥空间,加速比赛节奏,不因判罚而停留过长时间。技术犯规的罚则由 2 罚 1 掷变成了 1 罚 1 掷,同样是为新战术的布局给出了更大的可能性。

全场进攻时间由 30 秒变成了 24 秒,其中二次进攻时间由 24 秒缩短为 14 秒,比赛正在向更快、更流畅、更强方向发展,这也迎合了现代篮球发展对球员身体素质要求越来越高的需求。在技战术的选择和运用上也是极具挑战性的。

因此,教师在教学过程中应重视球员非道德行为的防范和警戒,良好的体育道德规范和体育品德同样重要。同时,由于时间的减少,使得篮球比赛速度更快、比赛强度更高,在篮球教学过程中要加强体能训练,提高快速进攻的质量,这就需要在教学过程中不断加强运球、传球基本功的练习,以及体能的训练,保证每次教学都要有这几个部分的练习。

---

① 黄燕南,谢敏,黄永飞.近 10 年篮球规则演变对篮球运动教学的启示 [J].体育科技文献通报,2021,29（03）：35-37+80.

（四）场地规定的变化

目前篮球场地为 28 米 ×15 米,相比于之前长宽均有所增加,限制区和三分线距离也分别增加到了 28.42 平方米和 6.75 米,无撞人半圆区也扩大了 0.5 米左右。场地修改后,球员之间的距离有所拉宽,对不同位置球员的远距离投篮、传球能力的要求也在提高,同时也给攻防战术提供了更多的机会,当然也增加了不少难度。以往篮球教学多重视中近距离的攻防,而如今在场地扩大的情况下,防守的面积变大,三分和中距离投篮更为重要,在教学当中更加注重球员移动、摆脱、接投技术能力的训练,加强对中远距离投篮能力弱的队员的训练。

（五）新的篮球规则引入

近几年来一些新的篮球规则也在不断引入,比如 2010 年的"8 秒"规定到 2014 年对球回后场的规定,以及 2017 年带球走的变化和假摔的引入,同年,还对违体犯规和投篮动作进行了规范和界定。违体犯规在 2018 年再次被重申,甚至将违体犯规与比赛资格取消相挂钩。这些规则的引入使篮球比赛更为规范,同时也在要求篮球教学内容的改革。

篮球运动规则的改变,是建立在篮球运动经过一百多年的发展,已经具备了一系列技术底蕴的基础之上的。在攻防技术中,传接球技术、投篮技术、持球突破技术、移动技术、抢篮板技术、打球和抢球技术等构成了当今篮球技术体系的层次性。以投篮为例,投篮技术包括单手投篮和双手投篮,根据使用方式又细分为原地、行进间和起跳投篮等,而在这些技术体系中,根据投篮部位的不同,又分为肩上投篮、头上投篮、高手投篮、低手投篮、勾手投篮、急停跳起投篮、补篮、扣篮等多种形式。[①]总之,从发明初期的几项基本技术发展丰富到今天的技术动作千姿百态,篮球运动的规则变化和运动技术的分层发展不断影响着篮球的教学和训练。

---

① 王桥.关于我国体育院系篮球普修课教材中进攻技术范型与变式确立的研究 [J].科技信息（科学教研）,2008,269（21）: 199-200.

二、基于身体素质条件的篮球运动教学

篮球运动教学依赖于学习者的身体素质基础,日益激烈的篮球比赛对球员的速度、力量、灵敏、对抗、耐力等提出了更高的要求,学习者的身体素质很大程度上直接影响着篮球教学的目标和内容,也直接影响着篮球教学的开展[①],更影响着篮球运动的发展。

一方面,随着社会经济水平和人民生活水平的提高以及精神文明的逐渐丰富,人们对身体素质的重视程度越来越高,各种体育运动的健身功能被挖掘出来,篮球活动等体育运动使身体肌肉坚实、体格强健,人们的身体素质也在不断地提高和保持,如速度、力量、灵敏、耐力等。有数据显示,近百年来男女的平均身高都增加了 8 厘米左右,尤其是出现了 2 米以上身高的运动员,加上弹跳力、奔跑速度和身体对抗能力的提高,于是就出现了诸如"扣篮"的高空争夺篮球技术及"双塔"战术。对于篮球运动的教学训练来说,必须对学习者的身体素质状况进行评估,并基于此调整活动的内容和活动场地的范围。另一方面,人们对生活水平和健康状态的高质量追求,也对篮球运动技能提出了更高的需求,这些在篮球运动教学技术和战术变化上均有所体现,更高难度的篮球技术和更为复杂的战术不断被挖掘出来。此外,在具体的篮球运动教学中,还需考虑不同性别个体的生理和心理特点,以此来选择不同类型的篮球活动内容和学习方式。

三、打法的变化

随着篮球规则的演变、篮球技术的发展以及运动员体能的提高和身体素质的改善,篮球战术也在不断丰富发展,同时对篮球运动教学改革提出了新要求。从篮球运动的对抗特点来看,篮球运动战术已形成进攻、攻守转换、防守三大系统。并且根据参与战术行动的区域和人数,又可分为整体行动、多人配合行动、个人行动[②],篮球战术就是在这样的过

---

① 周光德.浅谈高校篮球教学中学生战术意识的培养[J].当代体育科技,2013,3(10):69-70.
② 王晓东.对篮球技战术分类体系演进与重构的思考[J].中国体育科技,2005(02):52-54.

程中不断地根据人数特点和作用的性质、区域、差异而发展演变的。从攻防战术上看,人盯人、区域防守、压迫式防守、整体协防是在进攻打法基础上逐渐丰富起来的,在防守中发挥着重要作用。此外,对单一角色的要求也越来越高,例如中锋角色功能的发挥已由过去传统单一发展到空间型、策应型、全能型中锋,加之 3D 球员的出现,促使篮球战术系统的更新和打法的丰富,篮球的打法正朝着更加硬朗、速度更快、节奏性更强的方向发展。

篮球运动发展至今,在世界范围内也形成了鲜明的篮球运动流派和打法,风格迥异。比如注重个人技术、以出众的身体素质、以身体对抗激烈著称的彪悍强壮的美洲式打法,以整体配合和控制比赛节奏的欧洲式打法,还有以精准的投篮和多变的打法见长的亚洲篮球,也是独树一帜,独领风骚。这些颇具影响力的篮球打法一定程度上影响着篮球运动教学与训练。

总之,篮球运动的规则和技战术已经完成了从零开始,从少到多,从静止到运动,从零星、非系统到系统、成系统的发展。篮球运动刚发明初期的五项原则、十三条规则主要规定了竞赛中只允许用手接触球、不准拿球走或跑,在比赛争抢过程中不允许有粗野的身体冲撞等,且比赛中的攻守技术简单,普遍限于用双手做几个基本动作,也没有明显的全队配合战术,以单兵作战为主要的攻守形式,队员分别在不同的区域,有位置的分工。随着篮球运动的发展,一些新的技术不断涌现,如单手技术、行进间技术、对抗技术、快速技术和高空技术等,使得运动员个人防守水平和防守能力有了较大的提高。在快速的跑动和不断的换位中,队员的技战术打法更加全面和多样,技战术水平也更高,进攻技术在实战中更加趋于简练、实用,防守技术则变得更加具有攻击性、破坏性和集体性。

随着篮球运动的快速发展,队员在比赛中的位置和作用不断发生变化,防守战术也在不断的变化,新的战术不断涌现被应用到实战当中。不同阶段盛行的新打法,又在逐渐被取代。当篮球运动开始强调集体性的时候,单兵作战的战术就被人盯人、区域联防等取代;当需要强调攻击性的时候,综合移动进攻战术则取代了单一、固定阵势的进攻战术打法,体现了篮球运动打法的不断变化。因此,篮球运动教学需适应阶段性的篮球运动系统发展,不断根据新规则、新技战术和不同基础的身体条件进行教学设计和教学改革。

第二节　篮球运动教学的发展历史与现状问题

一、篮球运动教学在我国的发展历史

篮球运动起源于游戏,由詹姆斯·奈史密斯于 1891 年发明。此后,国际篮坛的发展大致经历了三个阶段,分别是规则统一的国际篮坛阶段、提高和深入发展的世界篮坛阶段、商业化普及的国际职业化阶段。从被列入奥运会比赛项目到世界篮球锦标赛制度的建立,篮球运动的发展伴随着篮球运动的开始,也伴随着美国 NBA 职业篮球联赛的发展。现代篮球的发展既有自身发展演变的规律特征,又体现了现代科技与篮球运动相结合的趋势,以美国 NBA 职业篮球团队为例,篮球运动在技战术、篮球规则、裁判法等方面逐步完善,现代篮球运动正朝着科学化、国际化、大众化、社会化、技艺化、产业化的道路上快速前进。篮球职业化带来的是篮球运动的商业化、工业化、国际化发展,以及篮球文化氛围的日益浓厚。

到目前为止,篮球运动已经从理论与实践相结合的浅层次娱乐游戏阶段及竞技体育阶段向科学学科门类的深层次发展,这也为篮球教学的开展打下了基础。篮球运动自 1895 年传入中国以来,随着社会发展时期的不同,其运动训练理念有着不同的改变,大致可分为三个发展阶段。

（一）第一个阶段:新中国成立之前

西方体育文化以"西学东渐"的方式在中国传播、推广和初步普及,篮球运动就包含在内。起初,篮球运动最早由美国传教士盖利传入天津青年会,当时篮球运动初创不久,并无正式比赛,主要在北京、天津的教会学校中开展,成为教会学校主要的体育运动。1912 年,来华教士蔡尔乐博士任教天津青年会体育班,是最早一批较为系统地传授篮球运动的专门人员,在当时连续担任了三届我国远东运动会篮球队教练。然而当

时篮球场地无固定标准,使用的还是足球,参加的人数没有限制,规则也极其简单,主要通过口授和实际活动相传,以"筐球"比赛称呼。[①] 刚开始参与比赛的人主要以外籍青年会成员和一些传教士为主,随着篮球运动在北京、上海、广州等地的逐渐推广,上海成立青年会体育部,1916年上海青年会翻译并出版了《青年会篮球规则》作为国内最早见文字材料的篮球规则条款[②],一本由美国麦克乐编写来介绍篮球动作方法、活动方式和战术的《篮球》一书在国内发行,由青年会体育部开设的各类运动班也推动了篮球运动传至教会学校、大中学校和社会各界。1924年以后,篮球比赛频繁举行,篮球技战术也在不断发展与提高,到20世纪30年代,篮球理论及其专门论著得到了较大丰富,人们对篮球运动的看法也由之前的"玩玩而已"变成对篮球技战术的科学追求,"民众体育"的呼声此起彼伏,开始出现了较为系统的篮球比赛、技战术的练习、球队的管理、比赛的指导以及评定球队与球员个人的统计方法等,同时开始结合其他科学内容进行解释。"人盯人"防守战术、"人盯人与联防"综合运用的方法和"∞"字型进攻战术正式在这个阶段兴盛起来。20世纪40年代进入抗日战争时期,城市篮球运动一度停止,革命根据地保留了仅存的篮球活动,八路军贺龙师长和关向应政委组建的战斗篮球队,还有以抗大三分校的东北干部为主组成的"东干篮球队",打出了一支在人民军队中普及和提高篮球运动水平的抗大军政队伍,为新中国篮球运动的发展奠定了基础[③]。

(二)第二个阶段:新中国成立到改革开放之前

这一阶段中国篮球事业经历了全面发展提高,竞技篮球辉煌发展,中国篮球学派也在逐渐形成。建国初期,中国的篮球运动教学以学习前苏联模式为主,1952年国内筹建第一所单科制的体育院校,学校体育的专业教育有了较大的发展。1957年之前,苏式体育教学理论在中国学校体育教育中占据统治地位,所制定并颁布的体育课程教学大纲也

① 杨桦,姜登荣.篮球运动的起源及其在中国初期发展的历史考略[J].成都体育学院学报,1997(01):32-36+86.

② 李辅材,文福祥,钟添发.中国篮球学派的形成及其发展[J].武汉体育学院学报,1990(03):5-11.

③ 陈庆熙,陈荔妮.中国篮球百年历史回顾[J].吉林师范大学学报(自然科学版),2009,30(02):151-154.

主要受前苏联影响，尤其是普遍基于凯洛夫教育理论的篮球教学，突出强调篮球知识和技术的教学，注重教师主导地位和教学的社会性功能。1957年后，国家体委下发的体院有关工作要求的文件中提出，要总结学习苏联的经验，着手编写适应中国实际的课程大纲，并提出了一些借鉴其他国家教学模式和经验的批评意见等。进入60年代，篮球教学理论首次进入我国自编的球类教材①，虽然苏联模式的教材内容总体上还保留着，但在内容上又增加了篮球技战术方面的内容，体现了我国篮球教学的摸索式进步。

从20世纪70年代开始，国内的篮球教学逐步恢复发展，篮球运动和学校体育开始恢复，篮球理论研究和实践教学也在逐步推进，体育专业的各级学校、部分体育院校和高校的体育系乃至师范院校的体育专业招生工作陆续开始。随着篮球运动水平及其教学的发展，中国篮球理论与实践体系的重建与发展过程也在日积月累中不断充实。

（三）第三个阶段：改革开放至今

这一阶段中国的篮球运动教学及其理论始终保持开放性的发展。改革开放前的两年，我国各级教育和学校的体育教学一直处于恢复阶段，各级各类学校也不断推出体育教学大纲和教材，而篮球的教学理论条件其实已经基本成形。20世纪70年代末出版的通用版教材《篮球》，成为论述篮球运动较为完整、面貌焕然一新的学术体系，对篮球运动的技战术有了一定的更新和突破，内容较以前有所充实，但仍缺乏深度，尤其是对一些问题的论述流于表面，关于教学步骤、训练方法等方面的论述较为粗糙。直到20世纪90年代以一些诸如《球类运动——篮球》《篮球运动高级教程》等为代表的高校教材的出现，篮球运动才得以实现理论上的升华，篮球运动的特点和规律，教学和训练，理论与实践研究等共同丰富了我国篮球运动及其学科的理论体系，搭建了篮球运动与其他自然科学、社会科学相关学科连接发展的桥梁。可以说，20世纪80年代末到90年代初，我国的篮球理论的发展依赖于已经形成的各级各类学校的篮球运动教育教学体系。

---

① 　高瞻，刘晓华.我国篮球教学理论的发展与特征研究[J].首都体育学院学报，2003（03）：61-63.

进入 20 世纪 90 年代,国内与国外交流逐渐增多,中国篮球教学在理论和实践上都有了较好的发展。篮球理论逐渐丰富和多样化,篮球教学的理论基础也在不断扩大,对篮球教学目标、教学方法、教学过程、教学评价等方面的研究更加深入,国内篮球教学在"素质教育"的基础上提出了新的教学原则和方法,篮球传统教学逐步减少。

总之,历经百年有余的中国篮球运动,从孕育初期到体系的形成,再到具有中国特色的理论实践成果的丰富发展,从引进来到走出去,篮球运动教学不仅仅在教学基本理论与实践方面,更是在具体内容尤其是在技术、战术训练理论、综合相关学科、竞赛、科学研究及相关信息技术运用等方面在一定程度上实现了实质性的突破。

二、当前篮球运动教学现状和问题

我国篮球运动教学是在历史长河的摸索过程中发展起来的,篮球运动教学的状况一定程度上是阶段性政治社会发展的反映,经济社会的发展左右着教育发展的进程,而教育的滞后性又带给篮球运动教学无法避免的历史性问题,这些都需要我们去洞悉和探索,并试图加以解决。基于对当前我国篮球运动教学现状的分析,主要体现以下三个方面的问题。

(一)篮球教学理念亟须更新

当前的篮球教学普遍过于强调学生整体的学习水平和运动技能的掌握程度,受传统的"大班额""填鸭式"的教学理念影响,教师更重视对篮球运动技能的传授,往往容易忽视对学生的身体素质、运动的参与程度、学生心理健康和社会适应能力等方面的培养,更难以关注到每个学生的个性化需求。以往单一的教学目标,难以满足社会对于人才培养的需求。在新的时代发展背景下,体育的育人作用日益突出,教师通过篮球运动教学不仅是要传授给学生技战术知识和技能,更要让学生在篮球运动的学习过程中享受运动的乐趣,培养学生健全的人格和良好的意志品质,为社会培养全面发展的人才。

（二）篮球运动教学体系发展相对滞后

教材老套,教学内容上侧重于篮球技术知识教学,施教内容缺乏选择性和针对性,重复性的教学较多;课程体系尚未完善,教学方式仍保留传统体育教学的手段,灌输式教学占据课堂大部分时间,学生无法灵活运用篮球技术;教学形式也较为单一、缺乏趣味性和创新性,教学资源或是匮乏或是利用率不高。在教学考核方面,考核标准陈旧单一,考核方式单一,主要是以检验教学成果为主,缺少多元性考核,考核的激励性、导向性作用没有充分发挥出来。

（三）篮球运动教学师资力量有待加强

作为篮球教学的实施者,篮球教师更是其中的重头戏。从篮球教学理念的理解到运动教学的实践,篮球教师直接左右着篮球运动教学的发展方向和效果。从我国现有的篮球师资力量上来看,不论是体育教育专业的篮球教师还是篮球专项师资供给都存在一定的缺口,且教师的理论素养与实践教学能力失衡现象较为突出,需要在后期的人才培养和教师的职前职后培训中增加实践领域的内容,提升现有师资力量的质量,以满足新时代学校体育教学工作对人才培养的需求。

第三节　篮球运动教学改革的政策导向

当前篮球运动教学仍然存在不少问题,但篮球运动教学的改革及其政策要求一直没有停下前进的步伐。我国相关政策尤其是体育政策的发展对篮球运动教学改革带来了深远且系统性的影响,其为篮球运动教学的改革指明了方向,同时也作为教学改革的动力推动着篮球运动教学的高质量发展。

一、宏观战略导向——健康中国与体育强国

2017 年,习近平总书记在《第十九次全国代表大会报告》中提出"健康中国"的发展战略,人民健康的重要性被提到了有关民族繁荣、国家富强的高度,为人民提供全方位、全周期的健康服务成为健康政策的聚焦点。[①] 国家号召加快建设体育强国的步伐,习近平总书记也多次强调并亲自谋划中国体育的发展。《体育强国建设纲要》于 2019 年 8 月由国务院办公厅发布,强调体育教育在国家建设中的作用不可忽视。2021年的《"十四五"体育发展规划》明确提出,到 2035 年把我国建设成为社会主义现代化体育强国。从体育大国迈向体育强国,中国在过去的几年里,正昂首阔步、快马加鞭地迈向自己的新征程。国家在不断构建其具有中国特色的发展路径、管理体系、人才体系、培训体系、竞赛体系、保障体系等,为篮球运动的教学和训练提供了"三大球"之一的体系建设框架,促进了篮球运动的发展。

二、中观人本导向——身体素质提升与学校体育发展

党的十九大报告中提出加强学校体育工作,增强青少年体质健康水平。作为体育强国战略的一部分,学校体育教育是突破口,也是"攻坚战"。"关于进一步加强学校体育工作,切实提高学生健康素质的意见"早在 2006 年就由教育部联合国家体育总局提出。面向全体学生的体质健康测试工作正式启动,2016 年,中共中央与国务院联合颁布的《"健康中国 2030"规划纲要》重点提出,要严格实施青少年学生体育活动计划,并提出了"健康中国 2030"计划的实施要求。2018 年,习近平总书记提出要坚定不移地树立"健康第一"的教育理念,全面深化学校体育工作改革。学校阳光体育活动"每天锻炼一小时"也逐步实施推广。总之,随着社会的发展,青少年体质健康关注度提升,要求对学校体育工作的开展给予政策上的支持,这既是以维护人民群众健康权益、增强青少年学生体质健康为出发点,也以体育锻炼价值理念的全面充分认识为

---

① 曹月柱.习近平关于人民健康重要论述的思想内涵及其价值 [J].思想政治课研究,2020,242(02):42-47.

动力,促使体育逐步成为日常生活中不可或缺的重要遵循。学校体育的篮球教学必然也要坚持"健康第一"的导向,将篮球教学的目标和方法与青少年身体素质提高和综合发展紧密联系起来。

三、微观要素导向——体育课程改革探索

当前我国篮球运动教学直接受益于学校体育课程的系列改革,篮球运动教学改革同样涉及篮球课程的改革。例如,为应对高中体育教育深入改革的需要,2017 年我国出台了《全日制义务教育普通高中体育与健康课程标准(实验稿)》的修订稿。文件制定实施了健康优先、终身运动、学有所长(体育专项)这一新的体育教学理念,也是对高中篮球教学改革提出了要求。同样,新一轮课程改革下的《体育与健康课程标准》所提出的激发运动兴趣、关注个体需求差异、从关注"教"到关注"学",都是以学生发展为中心、以引导体育教学为根本理念的"健康第一"指导思想。评价篮球教学的标准,并不是简单地看它对篮球技术的掌握程度,更重要的是它对学生生理、心理各方面的改变。究竟篮球教学会遇到哪些问题,又会在这一系列的变革中带来怎样的变化,值得研究。

第四节　篮球运动教学改革的发展趋势与特点

一、篮球运动教学的思想性改革

首先是教学思想理念的改变。篮球运动教学思想和理念直接决定了篮球运动教学的方向和重点,影响教学目标的确立和篮球运动价值的有效转化。传统的学校篮球运动教学以运动教育为出发点,侧重于完成体育教学任务,教学目标上则是以教学生篮球运动为主,篮球的健身功能并未完全被挖掘出来,篮球教学思想性改革就要求其立足学生健康发展,将篮球运动作为学生健身教育的手段,实施身体素质和思想素质的教学,充分将篮球运动教学与学生全面发展相结合,立足于新的教育教学技术观、兴趣教育观、问题导向教学观、休闲和终身的体育健身观,以学生为中心,在篮球运动教学中实现快乐体育。

二、篮球运动教学的科学性改革

科学的篮球教学是发展现代篮球的必须,也是实现现代篮球高质量发展的必须。以往的篮球运动教学忽视篮球系统性教学,忽视学生的身心发展特点,导致学生的篮球运动知识碎片化,篮球运动技能割裂,教学效果不甚理想。因此,必须进一步挖掘篮球运动的规律特征,呼吁篮球教学的科学发展,结合学生的心理和生理特点,力求在条件差异、需求层次等方面与学生多样性相契合,构建关于篮球运动的学生个性化认知体系,推动其篮球知识转化为篮球运动能力。将篮球运动文化、篮球运动生理变化与篮球运动实践有机结合,延续篮球运动习惯,丰富篮球这一运动的综合功能和价值,除了挖掘篮球教学的科学规律,促进篮球教学的科学性外,还可以从学科、领域等多个角度进行探索。通过高质量的科学发展,促进学生内在条件的加强和提高,如人生观、价值观和身心观念。

三、篮球运动教学的系统性改革

篮球运动教学的改革正伴随大刀阔斧的学校体育教学改革循序推进,该过程中呈现出明显的系统、结构性的改革特点。首先是教学理论体系的系统性改革,篮球运动教学改革首先要系统性解决教学目标、教学内容、教学方式和教学评价的问题,这些构成了篮球运动教学理论体系的主要内容。

与教学理论相匹配,篮球运动教学的系统性改革自然离不开篮球运动课程的改革。在当下大中小学课程一体化衔接的要求和趋势下,不断修订的《体育与健康课程标准》成为学校篮球课程改革的指挥棒,指导着义务教育阶段、高中阶段篮球运动教学,根据不同阶段的学生发展需要,大中小学的篮球运动教学的一体化进程也将成为探讨的焦点,而一体化改革是连续性的系统性改革,课程一体化、大中小学一体化、课内外一体化、学教一体化等等都为篮球教学的改革提供了契机,具体表现为促进了篮球运动教学的教与学、客观与建构、个人与集体、技术与人本、技术与战术、进攻与防守、运动技能与运动智能的系统性发展。

普遍意义上的篮球教学体系,涉及四个基本要素:教师、学生、教学内容、教学媒介。而广义的教学系统应当还包括教学制度、教学技术、机构以及教学评估、教学管理、教学环境以及指导理论。篮球运动教学的系统性改革同样也要求建立教师和学生双主体,兴趣和技能学习共同发展,知识能力素质融为一体的系统。

第二章

篮球运动教学的理论基础

篮球运动教学需要多学科理论的支撑，既是教师教学的重要基础，也是促使教师科学、有效教好篮球和学生掌握篮球运动技能的关键。本章将以篮球运动教学的理论基础为重点，从篮球运动的生理学理论基础、教育学理论基础、心理学理论基础和社会学理论基础四个方面分别展开研究。

第一节 生理学理论基础

一、运动时的能量代谢

为人体直接提供能量的是腺苷三磷酸，即 ATP。ATP 不仅是人体的重要供能物质，也是重要的贮能物质。在运动的过程中，ATP 直接为肌肉的收缩提供能量。人体在运动时由三种能量来源进行供能，分别是高能磷酸化合物系统（也被称为 ATP-CP 系统）、乳酸供能系统和有氧氧化系统。三种供能系统在人体进行篮球运动时同时运行，随着运动状态以及运动强度的不同，这三种系统供能的特点不尽相同。以篮球运动为例，ATP-CP 系统是主要的供能系统，其供能特点是分解速度快，不需氧，但是储备少，持续时间短。

篮球运动对速度和爆发力有一定要求，ATP-CP 系统为人体提供了大量能量。然而，篮球运动又是一项高强度运动，在进行高强度的比赛或者训练时，乳酸供能系统主要为人体供能，这种功能方式被称为无氧供能，即肌糖原或葡萄糖在无氧分解过程中再合成 ATP。[1] 这种高强度的运动状态并非一直持续，当运动强度下降，转为比较平缓的阶段时，则需要转为长时间供能，此时以有氧氧化系统供能为主，其特点是需氧，产生大量能量，持续时间长。[2]

二、肌肉活动

人体的肌肉分为骨骼肌、平滑肌和心肌三类。心肌掌管着心脏的泵血活动。平滑肌主要掌管其余各内脏器官的活动。人体的骨骼肌有数百块，通过收缩和舒张产生力量和长度的变化，实现人体各种运动活

---

[1]　许奋奋.大学生篮球运动员能量代谢与能力训练的探讨[J].河北师范大学学报（教育科学版），1998（04）：397-398.
[2]　韩秀银.试析篮球运动的供能特点和科学训练[J].吉林教育，2010（17）：54.

动。我们这里所指的肌肉主要是指骨骼肌。

（一）肌肉类型与运动能力

肌肉像其他器官一样由几种不同的组织组成，其中最主要的是肌纤维，肌纤维占肌肉的 90% 以上，肌肉的收缩功能，主要通过肌纤来实现。

肌纤维按照收缩速度分为慢肌纤维和快肌纤维。快肌纤维又分三个亚类：快 a、快 b 和快 c 纤维。一般而言，人类肌肉主要由一种慢肌纤维和两种快肌纤维组成。在篮球运动中，肌纤维是以运动单位为基本单位被募集而参加运动的，这种募集是机体选择的结果。以当前的研究，能部分解释募集机制的运作原则为：慢运动单位先被募集，随着运动力量的增加，快运动单位被募集。也就是说，在任何特定的时间里，肌纤维都只有一部分被募集，这是肌纤维的工作机制，同时也是机体的一种自我保护机制，以防止肌腱和肌肉损伤。这些知识可以帮助学生在篮球运动中有意识地激活那些不容易被募集的肌纤维，增强篮球运动能力和耐力。

（二）肌肉力量与运动能力

肌肉力量是肌肉收缩对抗阻力并完成动作的能力，它是实现各种运动和提高运动技能的基础，肌肉力量影响着速度、协调性和灵敏性。无论哪一类专项运动，都需要肌肉的力量训练。

1. 肌肉力量的分类

按照肌肉力量的表现形式，可分为最大肌肉力量、爆发力和力量耐力。最大肌肉力量是指肌肉收缩能克服的最大阻力；爆发力是指肌肉快速发力的能力，即力和发力速度的乘积；耐力是肌肉长时间持续对抗阻力的能力。

2. 力量训练的方法

在做力量训练时，可通过控制重复次数和最大负荷百分比两个参数来分别侧重发展肌肉力量、爆发力、肌肉耐力。不同的训练目的选择不同的组数,一般一次力量训练选择 3 ~ 6 组练习即可。

3. 篮球力量训练的注意事项

（1）训练准备和放松活动与正式训练同样重要。在正式训练之前和结束之后,要进行 10 分钟左右的拉伸和放松活动。很多篮球运动损伤都是因为运动前没有充分热身造成的。

（2）要均衡训练,即每次都要做对称的和相应的力量练习。比如,想要提高大腿力量,也要充分训练股后肌群,否则容易造成损伤。

（3）训练要规律,包括规律的饮食和作息。另外,在休息日也应该做一定的投篮练习,基本功练习不能间断。

第二节　心理学理论基础

篮球运动是一项具有对抗性强的集体项目。比赛胜负不仅仅是依靠运动员的身体素质、技战术水平,心理因素也占有很重要的地位。

一、注意

注意是心理活动或意识对一定对象的指向或集中,具有指向性和集中性两个特点。注意的指向性是指在有目的性地、有选择性地将意识集中于某一对象,忽略其他的元素。集中性指将意识集中于某一目标的程度的大小。[1]意识的目标性越明确,强度越大,紧张度越高,越集中。由于人的意识资源有限,在集中于一定的目标时,就不得不忽略其他目标,在高度集中注意时,注意的对象的数目就会减少。注意的基本功能是对信息进行选择。注意保证了人对事物更清晰的认识、更准确的反应和进行更可控有序的行为。这是人们获得知识、掌握技能、完成各种智

---

① 　彭聃龄 . 普通心理学 [M].5 版 . 北京: 北京师范大学出版社,2019.

力操作和实际工作任务重要的心理条件。

注意可以分为选择性注意、持续性注意和分配性注意。选择性注意是个体在同时呈现的两种或两种以上的刺激中选择一种进行注意,而忽略另外的刺激。例如,在篮球运动中,需要兼顾人和球,进攻方的注意大多集中在防守方的球员身上,而作为防守方,则会将注意力更多集中在球上。持续性注意是指注意在一定时间内保持在某个客体或活动上,也叫注意的稳定性。在训练期间聚精会神地学习技战术,在比赛时将注意力集中在赛场上直至完成比赛都是注意力稳定性的表现。注意力在持续一段时间后,不能继续保持时,会出现注意动摇。注意动摇是在短时间内出现注意波动的现象,而并非有目的地将注意从一个对象转移到另一注意对象上。分配性注意是个体在同一时间对两种或两种以上的刺激进行注意,或将注意分配到不同的活动中。在篮球比赛中,球员需要同时注意场上的其他球员和球的运动。

在篮球运动中,则需要将这三种注意进行综合地、合理地应用,来达到比较好的学习效果或竞技状态。要求球员在场上进行整体判断,根据实际情况能够将注意进行一定程度的分配,有选择性地将注意集中在更重要的注意对象上。通过训练和学习,尽可能地延长注意的维持时间,从而提升自身的竞技状态。

二、表象

表象是指人在头脑中出现的关于事物的形象或者像图画一样的心理表征。从表象产生的主要感觉通道来划分,表象可分为视觉表象、听觉表象、运动表象等。根据表象创造程度的不同,表象可分为记忆表象和想象表象。[①] 记忆表象是在记忆中保持的表征形象,想象表象是在头脑中自行创造或对原本记忆进行加工后的表征形象,可能是现实世界并不存在的,具有一定的新颖性和创造性。

表象的特征包括直观性、概括性和可操作性。表象的直观性是指表象往往在头脑中以生动的图像、声音等形式进行呈现,仿佛直接可以看到或听到。与知觉具有一定的相似性,但是又有所不同。表象的形象或特征往往是模糊的、不确定的、容易发生改变的。例如,现在我们在头

---

① 张力为,毛志雄.运动心理学 [M].北京: 高等教育出版社,2007.

脑中想象一个篮球,这个篮球在头脑中只是一个轮廓,具体的细节如大小、颜色、材质似乎并不清晰。表象的概括性是指尽管表象可能具有一定的创造性,但是也是个人经验积累的产物,对于没有先前经验的事物是在头脑中是无法进行表征的,个体对先前经验的特征的总结就形成了表象。再次以表象篮球为例,尽管多次想象的篮球细节有所不同,但是每一次都能保持篮球的基本特征,这就是表象的概括性。表象的操作性是指在头脑中可以直接操控表象,例如心理旋转。

表象在篮球运动的学习中具有重要作用。能够帮助学生直观地认识篮球运动,在头脑中建构篮球的概念和动作。有助于进行进一步学习,以及在动作技能和学习的过程中对自身的动作、身体位置、运动方向利用表象进行及时调整,促进学习效果。

三、动机

动机是指人产生某种行为的内在动力,具有激活功能、指向功能和维持功能。激活功能是指动机使人能够投入到某一活动或者产生某种行为,指向功能是指动机的对象是一定的,产生行为是具有一定的目的性或者有明确的指向对象,维持功能是指动机能够使人在一段时间内稳定投入到某一特定的目标行为中。

动机的来源是个体的需要。需要层次理论认为,需要是有机体内部不平衡的状态,是个体追求内在世界与外部环境维持稳定的需求,包括基本性需求和成长性需求。基本性需求是个体保持生存需要具备的需求,包括生理需要、安全需要、归属与爱需要、尊重需要。成长性需求是个体追求自身发展的需求,包括自我实现需要。在低层次的需要满足之后,人们才会转而追求更高层次的需要。这种关注不同层次的需要并非简单的线性递进的关系,也可能是跨越式的或者螺旋式递进的,这种对需要的追求使个体产生行动的动力,即动机。

动机使个体投入的大小取决于动机的强度和性质。一般认为,中等强度的动机有利于任务的完成。动机的强度过小,个体的投入不足,不具备完成任务的准备条件。动机的强度过大,个体投入过高,则会造成个体资源的冗余也会更容易产生疲劳,难以以最好的状态应对任务。相比于外部动机,内部动机更有利于任务的完成。内部动机往往是指个体内在的追求,更容易引起并维持个体长期的、稳定的投入,即使在任务过程中遇到阻碍，内部动机也能够激励个体克服困难，尽可能坚持完成任务。外部动机往往指为了获取外在的奖励等，一旦外在的奖励消失或者外在奖励不足以支持个体克服困难完成任务，个体更容易倾向于放弃任务而非继续坚持下去，很难取得成功。

在篮球的学习中，要激发学生学习的内在动机，激发学生对篮球运动的喜爱和兴趣，才能够使学生长期专注于篮球活动的投入。当然，在学习的初期，也可以利用外部动机，表扬或奖励等，提高学生的参与程度，有利于进一步激活学习篮球的内在动力。

四、归因

无论进行何种学习，在学习的过程中总会遇到一定困难或阻碍，这时对一些错误或者不良结果的归因则会影响是否能够继续在该目标或活动中坚持下去。归因是指对某种结果产生的原因进行推理的过程。这种结果可以是好的，也可以是不好的。

人们在归因时考虑的因素一般包括控制点、是否可控、是否稳定以及是整体因素还是特殊因素造成的。控制点是指这件事或者结果是由于内在因素造成的还是外在因素造成的。

无论对于哪种因素的考虑，都是个体对事件以及结果的分析，并不是客观的而是主观的，也没有对错之分。但是，对于归因方式的不同会影响个体接下来的行为，容易将事物结果归因于不可控、不稳定因素的个体，在遇到困难时会难以发现自身在事件中的作用和价值，容易形成消极的自我评价，降低或丧失克服困难的内部动力，难以维持接下来的行动。因此在篮球教学过程中，要鼓励学生在承认不可控因素存在的同时，多进行自己可控因素的归因，从而为个体维持内在活力和自我效能感提供动力。

第三节　社会学理论基础

一、人的属性

　　社会学理论认为,对人的现象和本质包括自然属性和社会属性两个方面。自然属性是指人与生俱来所具备的、生理性的一些属性与机能,是人作为生物存在的动物性本能。社会属性是人作为社会系统中的一分子所存在的属性与技能,是后天经过社会契约和规则所训练之后保留的倾向性。自然属性包含保证人能够生存的基本的本能,发展个体的直觉,趋利避害的本能。[①] 篮球运动是一项强度高的对抗性运动,在篮球运动中,人的自然属性对于篮球运动中的表现极其重要。基本的身体素质保证了个体能够完成基本的动作以及能量消耗;尽管存在经验积累的影响,直觉在高强度的篮球运动中会影响人在篮球运动中的判断和决策;反应速度也是人的自然属性的一部分,同样会对个体的表现产生影响。人的自然属性在一定程度上受社会属性所制约,人的自然属性在社会发展的基础上得以发展。人生存于社会之中,在社会活动中,通过不同社会关系网络的相互交往,逐渐形成自己的社会属性。人的社会属性可以是不断发展的、变化的,在这样的发展与变化之中,不断地完善自我、丰富自我。

　　参与篮球运动的过程中,人的自然属性得以发掘和拓展,经过学习与训练,使自身的部分自然属性的能力得以提升。同时,在篮球学习、训练、比赛的过程中,建立并发展自身的社会关系网络,学习基本的社会交往技能、训练自己的生活技能、探索自身的社会角色,在不同的人际互动中完善自己的社会属性,促进个人的社会化的进步和发展。

---

①　《社会学概论》编写组.社会学概论[M].2 版.北京：人民出版社,2020.

二、团体

人的本质是一切社会关系的总和。不同层次,不同结构的社会关系共同构成了社会关系网络。团体是一部分具有相同目的或者相似属性的人组成的组织。人们在社会网络中会具有多种团体的角色或身份。篮球运动是团队协作的运动,个体在参与篮球运动的同时,自然而然地参与进篮球运动的团体中,团体与个人之间互相影响。①

对于个人来说,首先,个体在团体中可以获得团体中的资源,来促进个人自身的发展。在篮球运动中,可以共同分享训练经验、训练场地、器材等,从而提高自身的训练水平。其次,可以利用团体进行信息沟通与交流。每个人的社会关系网络各不相同,可以利用团体中的信息差来进行交换,从而丰富自身的资源。最后,个人可以在团体中获得一定的社会支持。个人不仅能够在团体中获得物质上的帮助,团体中的成员互相作为彼此社会关系网络中的一部分,也为团体的成员提供情感上、精神上的支持。同时,个体作为团体的一部分,为团体的形成与巩固、凝聚力的增强提供作用,进而扩充团体的影响力。

当然,团体与个人的关系也并非一直是相互促进的,不可避免地会产生冲突。冲突来源于个体的独特性与个体之间的差异,冲突可能是团体中个体与个体之间的,也可能是个人与团体之间的,也可以发生在团体与团体之间。冲突的本质是冲突双方的不一致,在团体的各个阶段都可能发生。冲突会对团体的凝聚力有一定损害,影响团体的发展进程。面对冲突时要具体问题具体分析,采用适当的应对方式。有时冲突也是团体发展的契机,能够促进团体整体观念、规则的发展与更新,为团体注入新的活力。

在篮球运动的团体中,要充分发挥团体的凝聚力,促进成员的个人发展进而使整个团体得以壮大和发展。同时,要正视团体中出现的冲突,以包容、接纳的态度面对冲突,采取恰当的方式解决冲突,尽可能地降低冲突给团体带来的破坏作用,将其化解为促进团体发展与成长的新动力。

---

① 郑杭生.社会学概论新修[M].2 版.北京:中国人民大学出版社,2019.

三、社会发展为篮球运动创造客观条件

21 世纪可持续发展目标中提到："让不同年龄段的所有的人过上健康的生活,提高他们的福祉"。随着社会的发展,我国社会的主要矛盾是为人民日益增长的美好生活需要和不平衡不充分的发展之间的矛盾。人们更加重视整体的身心健康水平和生活品质的提升,在物质生活得以保障的基础上,开始进一步追求精神生活的满足。篮球运动在人们的生活中也趋于普及化和大众化。篮球运动不再仅仅作为一项体育运动项目出现在人们的生活中,同时,参与篮球运动也是人们追求身心健康、休闲娱乐、挑战自我、磨炼意志的一种方式。参与篮球运动为人们相互沟通与交流提供了场地与机会。社会经济的发展、人们追求身心健康意识的不断提升,篮球运动在大众群体中获得更大的舞台和发展空间,吸引更多的人参与其中。

四、篮球运动中的社会价值观

社会制度的构成要素包括价值理念、行动规则、制约对象和预期目标。价值观的塑造对社会与个人的发展都具有重要意义。党的十九大报告中指出,要"培育和践行社会主义核心价值观",要"发挥社会主义核心价值观对国民教育、精神文明创建、精神文化产品创作生产传播的引领作用,把社会主义核心价值观融入社会发展各方面,转化为人们的情感认同和行为习惯"。在参与篮球运动的过程中,要践行社会主义核心价值观。作为团体活动,培养自身的团队意识和奉献精神,积极地在团体中发挥自己的作用与价值。培养自身的责任感、使命感,主动承担自己在团队中的责任,认真履行自己的义务。在与他人相处时互相尊重、互相帮助,尊重对手,团结队员。作为个人,在训练的过程中磨炼自己不怕吃苦的意志品质,树立远大目标,积极投入实践,培养优秀品格。在比赛过程中,锻炼自己不轻言放弃,努力拼搏的竞技精神。

第三章

篮球运动教学要素改革与创新

　　基于篮球运动教学改革思想性、科学性和系统性的发展趋势,遵循"健康第一,以人为本"的教学理念,根据传统篮球运动教学已无法满足现实需求的实际,从具体的环节入手开展篮球运动教学改革。本章将从篮球运动教学目标的创新、篮球运动教学内容的创新、篮球运动教学方法的创新、篮球运动教学模式的创新和篮球运动教学评价的创新五个教学要素入手进行分析与研究,力图为我国篮球运动教学改革提供新的思路与借鉴。

第一节　篮球运动教学目标的创新

　　教学目标的制定是国家教育目标和学校目标的具体体现,制定教学目标的要求是对课程目标的理解和分解。作为体育课程之一的篮球课程,要与体育课程的目标相一致,既包括对增强体能的要求,对运动与健康的基本知识和运动技能的掌握和应用,又包括对运动兴趣爱好的培养、锻炼习惯的养成,还要形成良好的心理素质、人际交往的能力和协作精神,从而发扬与传承体育精神。而对于篮球运动而言,篮球的课标应该是:培养兴趣、提高体能,学习、掌握和提高篮球技战术;对篮球运动基础知识和有关理论有一定的了解,能独立思考、欣赏篮球运动和比赛;了解篮球运动对身心的促进作用,养成积极参与的习惯;学习待人接物的本领,具备应对挫折和困难的能力。在明确课程标准的基础上,篮球教学目标的制定还涉及许多方面,如学生的运动参与程度、运动技巧、生理心理健康状况以及社会适应能力等。

一、科学制定教学目标

　　制定教学目标需要在课程目标的引导下遵循几个基本原则,提升教学目标制定的科学性。

　　社会性原则。不同阶段的社会经济发展水平和速度都会对教育教学产生不同的需求,反过来不同阶段的教育教学同样也反作用于当下阶段社会的发展,教育具有社会性,教学目标同样也具有社会性,遵循社会性原则要求教学目标充分贴切社会发展的水平和条件,反映社会发展的要求,这也是教学目标制定的依据之一,对于篮球运动教学来说,教学目标除了要实现社会对篮球运动所赋予的价值和期待,其教学目标的创新同样需要根据社会发展的规律进行不断探索。

　　层次性原则。制定教学目标是一项系统工程,根据不同学段、年龄阶段或不同学习程度的学生而言,无论是一节课还是一学期或是一学年或是更长的学习周期,都需要一套具有层次性的教学目标来一以贯之。层次性原则要求教学和教学目标循序渐进地进行和完成。篮球运动教学更需如此,教学内容的层次性、教学效果的层次性等可以体现在所制定的具有层次性的教学目标当中,层次性的篮球教学目标有助于篮球运动教学顺利进行和重难点的逐个突破。

教育性原则。教育性原则要求教学目标需要符合当下社会对人才培养和发展的教育要求,同时也要求遵循学生身心发展的连续性、阶段性和特殊性规律。科学的教学目标一定依赖于学生的现有水平,摸索学生学习目标达成的最近发展区。篮球教学目标的制定必须基于对学生现有篮球能力的基础分析,包括对篮球的认识,篮球基础知识的掌握和篮球运动技战术的运用等,同时还需分析学生在篮球运动方面的能力与学生的学习成长需求,遵循不同阶段学生的身心发展特点进行有目的教学目标分解,并为有特殊需求的学生制定个性化的篮球运动教学目标。

二、合理选择教学目标类型

从教学目标类型或其表现形式出发,不同类型的教学目标影响着教学方式的选择和教学效果的评价。教学目标按内容上可分为知识、技能和情感三类,按目标的表现和实现形式可分为行为目标、表现性目标和生成性目标三种类型。

行为目标。1962 年提出,其特点是可观察、可测量,用一个个具体的行为来陈述的目标,即需要说明学生可以基于什么条件具体能产生什么行为,且该行为符合标准要求。强调的是学生的行为变化,忽视了学生心理的成长过程,比如能力和情感。

表现性目标。主要指学生在一定情境中处理问题的表现。

生成性目标。侧重于教学目标的自然生成性,弥补了行为目标所缺乏的过程性。

虽然生成性目标比较符合现代教育发展特点,但结合我国实际,篮球运动更应注重在行为目标的基础上,整合融入生成性目标和表现性目标。

三、规范表述教学目标

规范的教学目标要具备对象、行为、条件、程度四个要素。在主体上，传统的教学目标是以教师为主体，忽视了教学对象即学习者的主体地位。在教学目标的表述中，要增加不同能力学习者的教学目标，引导学习者在学习过程中的学习行为，以及规范表述为不同学习者提供的条件和对运动技能的掌握程度的目标要求，使得教师在教学中能够关注到每一个学生的成长变化。

实现篮球运动教学目标的突破与创新，除了遵循教育尤其是体育教育的基本发展规律，将篮球教学目标与社会发展、学生发展和教育发展结合起来，与时俱进，及时更新，把握教学目标从知识与技能的二维目标到知识技能情感的三维目标再到"核心能力，关键品格"的素质教育目标这一转化的必然性与重要性，改变"三基"教育的传统目标，充分利用基本的行为目标与生成性目标、表现性目标，最后在教学目标的呈现上，规范化的篮球运动教学目标表述尤为重要。

第二节　篮球运动教学内容的创新

篮球运动的教学内容随着篮球运动的发展而处在不断丰富，从篮球运动传入中国至今，从刚开始的使用国外运动教材，到开始编写中国的体育教材并在体育教材中专设章节阐述篮球运动，再到越来越多的国内学者一本又一本的篮球教材的编写出版，篮球运动教学内容在不断沉淀和升华。如今，创新篮球运动教学内容必须解决两个问题，一个是篮球运动教学的内容到底有什么，即篮球运动教学内容包括哪些部分，另外一个就是该如何选择并组织篮球运动教学的内容。因此如何从众多的篮球运动教学经验中选择和凝练符合现阶段实际的教学内容，提高学习质量与效益，具有必要性。

一、厘清教学内容的系统是基础

通过分析国内现有的篮球教材发现,篮球运动教学的主要内容都包括篮球运动概述、篮球技术、篮球战术、篮球竞赛等基本的内容。其中,篮球运动概述涉及篮球运动的起源与发展、篮球运动的特点与价值等,篮球技战术分别都包括进攻技战术和防守技战术,篮球竞赛则主要涉及竞赛的组织工作和裁判法。毫无疑问,在这些最基本的内容中,教材花大篇幅阐述的往往是篮球技战术,技术部分涉及移动、运球、传接球、投篮、持球突破、攻防技术和抢篮板球技术的学习和练习方法等。战术部分涉及基础配合、快攻、半场人盯人、全场紧逼以及区域联防等战术的学习和练习方法等。厘清教学内容之间的关系,使得教学内容之间的连贯性、进阶性更清晰,更有助于学生学习和掌握篮球运动技能,满足学生提升篮球运动能力的需求。

二、选择有效的教学内容是艺术

篮球教学内容的创新,是在有效教学内容筛选的基础上,针对不同层次学生的需求,根据学生的实际情况,突破竞技体育结构的束缚科学选择的。单纯竞技和成人化的运动项目,在具体教材内容上,需要在教材技术架构上加以精简,并循序渐进地加以改造。另外,对于不同层次的学生或专业,也需要把握篮球运动中的要点。针对学生的身心特点,对规则进行简化,进行必要的调整和补充。如根据中小学学生的特点,以篮球游戏、球性练习和基本技术作为主要的教学内容,主要为了激发学生对于篮球运动的兴趣,促进学生身心的成长发育,为后续的学习打下基础;大学阶段随着学生身体素质的提高,在教学内容的选择上可适当增加一些复杂性和组合性的篮球技战术。在教学过程中教师能够结合不同阶段学生的特点和学生个体的学习需求选择有效的教学内容是实现创新的一个重要手段,教师要注重对教学内容素材的积累,灵活选择教学内容。

三、增强兴趣和简化教学内容是改革方向

实现篮球课程的改革和篮球运动教学的创新应指向增强兴趣和简化教学内容两个方向。首先，增强篮球运动教学的兴趣性可以从淡化教学内容技术性、丰富和创新教学内容、引入娱乐性活动几个方面入手。篮球教学过于注重基本技术内容的教学，会增加教学内容的枯燥性，为减少重复练习，加强篮球教学内容的娱乐性和健身性，而选择性地增加街头篮球、三人篮球或四人篮球等教学内容，通过实施教学比赛或游戏等方式，在篮球教学内容改革中纳入娱乐性活动内容。结合专业训练和篮球娱乐活动，在教学内容上进行创新，让学生真正动起来，真正培养对篮球运动的热爱，对自己感兴趣的几项篮球技能，学生也能自主选择，在教学内容上进行创新，使学生有针对性地掌握相应的教学内容。其次，在教学内容上进行精简，选择实用性强的篮球教学内容。场地大、学生多是篮球教学的特点，要求教师在一定时间内完成教学任务，教学目标的达成需要在一定程度上精简教学内容，冗余内容简单化，篮球教学练习要以半场对抗为主。而对于篮球专业运动员的教学训练来说，需要注重平衡理论教学和实践教学的内容比例，要在理论教学中融入篮球运动专业知识，并且教师要通过精准的动作示范，实现教学目的。

总之，将情感化、简单化、实战化等新元素融入到篮球教学的过程中，促使篮球教学更加切合学生的需求，满足社会发展对体育运动的新要求。

第三节　篮球运动教学方法的创新

教学方法是教学过程中的实施方式，是实现教学目标的具体手段，具有一定的可操作性、多样性和选择性，可以调节教学过程。落后的篮球教学方式会减少学生在篮球课程上的学习兴趣，导致篮球教学质量的不断下降。同时，结合当前学生个性化差异明显、篮球教学难以满足学生需求的这一现实问题，进一步导致学生对篮球教学的学习积极性下

降,使得篮球教学训练无法得到有效落实,导致篮球课程的真正教学目的不能得到有效实现,不利于篮球运动的发展。因此必须进行体育教学方法的创新。

篮球教学中常见的教学方式主要有语言法、演示法、游戏法、竞赛法等,在篮球教学中应用比较广泛。这些方法各有优缺点,至今仍存在于篮球运动教学中,篮球教学方法的创新既需要克服已有教学方法存在的弊病,同时也需要寻求新的适用于篮球运动教学的新方法。语言法历史最为悠久,它可以通过口述和讲解的方式,传授知识量大,是教学中常用的教学方法,它能够在短时间内将知识和技术动作传授给学生,但也存在着沦为灌输式教学的危险。所以教师要尽量做到语言清楚,言简意赅,言之有理,循循善诱,富有感染力。能重点介绍并结合其他教学方法,针对技战术的关键环节加以运用,以引起学生的重视,促使他们思考问题、分析问题。

一、运用篮球运动教学中的新方法

(一)示范法及演示法

示范法及演示法就是教师先进行示范或先进行资料呈现,学生进行模仿以建立动作表象并循序渐进地对动作进行熟练掌握。篮球运动的复杂性和实践性决定了教师模仿操作的必要性,因而示范法也是目前篮球教学广泛应用的方法。但要注意教师示范的正确性和合理性,否则在处理好示范时机、灵活运用不同角度肢体示范、按动作结构顺序示范的同时,会给学生造成误导。示范法通常将动作的完整示范与分解示范相结合,但需要注意对动作中难度较大的细节要素进行挖掘,同时也要保证分解时各部分之间的衔接性,既要完整示范,又要分解示范。运用演示法进行篮球运动教学要求教师事先准备并整理好相关资源,切勿喧宾夺主分散学生的注意力。

（二）游戏法及比赛法

游戏法及比赛法是指组织学生以游戏代练或以赛代练的教学手段。游戏法、比赛法更易感染学生，调动学生参与热情，活跃课堂气氛，使学生在一种相对轻松的氛围中学会和运用技术动作，在体能、应变等能力方面得到巩固和运用，技战术得到有效发挥。

（三）PBL 教学法

除了游戏法和比赛法等越来越受到推崇之外，随着教育理论与实践的不断丰富发展，一些其他学科的教学法逐渐被引入到体育教学乃至具体的篮球运动教学当中。比如源于医学教学的 PBL 教学法（Problem-Base-Learning，国内称为"基于问题导向学习"），国内体育学科的理论课教学和实践教学课与 PBL 教学法结合，以问题为导向，将教学重难点融入学习问题之中，并赋予一定学习情境，学生通过小组合作的学习方式去解决教师设置的层层递进的问题，以此完成教学任务，取得了不错的效果，为体育教学创新发展提供了新思路，可以说是体验式学习、分层教学和情景教学法的综合运用，达成学生真正领会和建构篮球运动知识和技术的目的，同时提高课堂的教学效果和学生对球类运动的兴趣。与国内一种新兴的球类教学方法，即领会教学法不谋而合，注重激发学生对球类运动的兴趣，进而促进篮球运动技战术的掌握和战术意识的培养。

二、科学优化篮球运动教学的新方式

教学方法如此之多，如何选择适合篮球运动的教学方法就显得尤为重要。教学中要根据篮球教学的目的和任务、教学内容的特点、学生的实际情况和教师自身的素养，选择适合的教学方式。同时也要把握好练习的密度、节奏，善于调节运动负荷。篮球运动教学方法的创新需注意以下几个方面。

（一）科学优化教学方式

改变过去以"教"为主、以"灌"为主的教学方法，充分营造民主教学的氛围，调动学生学习锻炼的主动性和积极性，培养学生的体育兴趣，发展和完善学生的个性，使学生养成终身体育锻炼的习惯。在教学方式上重视学生的合理要求，为学生充分体验篮球运动的乐趣创造条件，培养学生的体育锻炼能力，在自我练习、自我评价的学习中锻炼学生的能力，从"要我学"到"我要学"，从"学会"再到"会学"，篮球教学要从过去的学生"跟着练"，转变为学生"自己练"，在教学中要给学生留出大量的思考空间，引导学生自主学习和思考。此外，还应注意教学方式的弹性化和多样性，不能搞简单的"一刀切"和"指令性"，在实际教学过程中，要针对共性和差异性的不同方面进行通盘考虑，如对篮球教学内涵的理解要保持统一要求，对不同技术基础的学生要因材施教，适时地给予相应的指导和提示。

（二）采取寓教于乐的教学方式

篮球运动教学具有健身与健心两大功能，学生在篮球教学中获得快乐，可激发其学习的兴趣，提升其学习的主动性。但就目前来看，篮球教学过程中基本功练习较为枯燥，极有可能出现学生厌学的情况，因此教师在教学过程中要抓住教学重点，采用学生感兴趣的教学方式，通过循循善诱和情景式教学的形式灵活开展教学内容，增加教学内容的趣味性。可以结合著名运动员在比赛当中对篮球基本技术的实际应用，提高学生对于篮球技术学习的认识，进而激发学生对基本技术学习的兴趣，为后续的教学打下基础。

总之，体育教师在教学过程中，一方面要把更多的精力放在教学手段的创新和实践应用上，找准教学方法与内容创新的切入口，把教学做成一项智慧型活动。另一方面，在教学训练中采用寓教于乐的教学手段，比如游戏比赛，使学生能够正确认识自己，看到自己的进步和差距，同时激发学生学习的兴趣，从而达到教师授课、学生学习的良性循环，使整体教学效果得到提高。

第四节 篮球运动教学模式的创新

教学模式是一种相对系统、稳定的策略和方法,是在教学理论和实践发展的过程中组织实施具体的教学过程。从微观的概念来看,是一种研究教学过程实施方法的成果。教学目标确定后所采取的手段,无论是教学模式,还是教学方法,都是为了完成某一教学任务。

进入 21 世纪,素质教育理念发展下的教学模式,既有多元情境互动的体育教学模式的人本主义色彩,也有多元智能理论下的多元体育教学模式,同时也有支架式教学模式和具有新要求、新特点下的 5E 教学模式。还有专注于通过教学组织形式的突破来实现教学模式改革的创新形式,如翻转课堂教学模式、小团体教学模式、互惠式教学模式等,这些形式在一定程度上被运用到了体育教育领域,同样具有指导篮球教学的意义。

一、多元情景互动教学模式

该教学模式将教学过程分为模仿、合作探究、实践体验和激发反思四个环节,倡导教师主导,在教学主题的统领下,围绕练习、游戏、反馈等设置虚拟情境,注重学生的主体体验。多元智能理论起源于国外,国内学者对其进行了较为普遍的理论与实践研究,现有的研究成果已证实了该教学模式可以激发学生的学习兴趣,提高教学效率,并在很多的课程当中被引入。

在篮球教学当中引入该模式可以加强师生之间的互动与交流,教师可以通过分组教学、问题情境教学等手段,跟学生一起探讨篮球技术、战术学习当中的问题,加深学生对于篮球知识和技能的认知,能够让学生获得更好的学习效果,同时也在很大程度上培养了学生的语言表达能力和思维创造能力。

二、支架式教学模式

该模式以学生为中心,将学生的能动性和积极性发挥到极致,并运用情境、协作、对话等学习环境要素,最终使学生能够对所学知识进行有意义建构的教学模式。支架式教学模式一般由五个环节组成,即教学情境创设、支架式教学、自主探究、协同学习、评价教学效果。支架式教学模式突破了传统教学模式的教学效果评价,主张主要从三个方面评价教学效果,包括学生自主学习能力、合作意识和构建知识的能力。

在篮球课程教学当中,支架式教学模式可以为运动技能的学习提供一种新的教学思路,在运动技能教学这种偏向于实践的课程中,通过为学生创设学习的情景,引导学生采用自主探究和团队协作配合的方式展开学习,可以促使学生了解动作技能学习的规律、篮球运动的规律等等,在探究学习的过程中感受到运动的魅力,从而激发学生对运动技能学习的兴趣,积极融入其中。

三、5E 教学模式

美国科学课程研究所提出的 5E 教学模式,与支架式教学模式较为相似,同样重视对于知识的意义建构,也是一种探究式的教学模式。该模式存在 5 个紧密衔接的教学过程,依次为:参与、探究、解释、深加工、评价。虽然该教学模式在我国体育学科中的应用研究相对较晚,但是近年来,我国体育学者对其进行了深入的研究,并且获得了丰硕的研究成果。通过大量的教学实验研究,确认了在不同的运动项目和教学阶段中应用 5E 教学模式的可行性。翻转课堂就是 5E 教学模式的一种实践形式,在国内教学发展当中已经较为成熟。它重新调整了课堂内容的时间安排,赋予学生在学习中的主动权,教师作为课程的负责人,负责向相关平台发布篮球教学课件材料、视频、作业等。学生在课前对于教师提供的学习资料进行提前学习,在课堂上通过与教师和同学共同探讨研究解决学习中的问题,从而获得对知识和技能的更深层次的理解。教师不再占用课堂的时间来讲授知识,而是花更多的时间和精力与学生交流,满足学生个性化的学习需要。

四、小团体教学模式和互惠式教学模式

无论是小团体教学模式还是互惠式教学模式,都是通过组合学生和教师之间的关系来提升教学效果。前者是通过合理地将学生分组,促进小组成员之间相互学习交流,相互帮助,相互监督。后者是通过教师引导,学生互惠的新型师生关系,使教学目标得到有效的实现,这是一种新的教学模式。其中一个学生参与任务,另一个学生结合教师准备好的任务卡关注队友执行任务的表现,力图形成一个即时的反馈。当第一组任务完成后,学生在教学任务和练习中能够得到很好的锻炼,形成并接受即时反馈,可以互换角色,开始第二个任务。

目前,篮球运动教学模式的创新主要是在学校体育课程改革的范围内进行和探索的,且主要体现在义务教育阶段和高等教育阶段的体育教育教学改革当中。在义务教育阶段,篮球课程教学内容单一,多强调学生篮球技术动作教学和身体素质的培养,学生缺乏对篮球运动的整体认识,缺失了篮球理论知识的教学内容,不利于学生后续的深入学习。对于高等教育阶段来说,篮球课程教学的内容相对较为完善,因此从篮球教学模式的创新来看,可以从赋予学生自主学习的权利出发,注重增强学生自主选择篮球学习内容的可能性,也可以根据学生的成长特点和学习需求,科学地安排班级。从学校篮球课程教学的基本模式、教学内容等方面加强篮球教学的针对性和层次性,促进篮球教学质量的提高,为学生全面发展奠定坚实的基础。

总之,篮球运动教学模式的创新应基于学生为本的教学理念、鲜明灵活的教学组织形式、多样化的教学资源和多元化的教学方法,三者综合,相辅相成。

第五节 篮球运动教学评价的创新

为了更全面地了解学生,帮助教师更好地规范教学过程,激励教师教书育人,强化学习态度和成果,树立学习效果的价值导向,要在现有

教学基础上,改进和创新篮球教学评价方式。篮球教学效果的评估按评估阶段分为诊断性评价、过程性评价和终结性评价三个方面。在评价标准方面,包括绝对性评价、相对性评价以及篮球教学工作中的自我差异性评价三个方面。篮球运动教学评价的内容包括学生考勤、理论知识测试、学生课堂互动、身体素质考核和运动技术考核等。创新篮球教学考核,需要在考核范围、考核标准、考核内容和考核形式上进行更新。

一、转变考核思路

篮球运动技能考核方式的转变首先要从观念的改变开始,在当下素质教育和"健康第一"指导思想的统领下,突破传统技能考核过于强调运动技能和运动成绩的观念,增加学生心理健康、社会适应能力方面的考核,重在培养学生全面发展的能力,激发学生参与和享受体育学习的乐趣,提升自身学习的自信心,为学生终身参与体育活动打下基础。因此,在对学生的学习效果进行考核时,要综合外部评价和学生的内部评价,力求客观、公正地开展教学评价。综合考核学生通过篮球课程学习后技能达到的水平,关注学生在学习过程中的进步幅度和学习态度,了解学生个体对于自身学习的评价,使学生能够学有所获,在学习中获得满足感和成就感。同时,也要改变过去缺乏学生的我评价和阶段性评价,把单一的、绝对性的、终结性的评价转变为发展的、相对性的、过程性的结合,使得评价内容的多样化、评价形式的多元化、评价方式人性化,重在强调学生综合素质能力的提高。

二、有方向性地扩大教学评价范围

评价的目的是促进学生的发展、教与学的发展,因此教学评价的具体内容范围应突破已有的局限性,在考核或评价的范围上内容应有所扩增。既考核技战术和体能,也不能忽视体育理论知识、裁判法考试、小型比赛表现、平时课堂表现等,对学生实行多层次、多元化的考核方式,转变学生学习的心态,由为了应付考试拿学分的"要我学"到喜欢篮球而想要参与的"我要学"的心态转变。在考核或评价的维度上,将学生对课堂的认知水平、课堂练习投入程度、比赛参与程度、个人意志品质四者一并融入到最终考核评价当中,使考核评价方式具有连续性、综合性和可操作性,让学生实现学习篮球运动技能和参与篮球运动与比赛的双重目标,最终能够养成终身锻炼的习惯,实现"健康第一"的教学目标。

三、有针对性地合理搭配评价方法

教师在教学评价过程中要有针对性地合理搭配评价的方式方法,重点分明。对不同教学模式下的教学评价要有不同的评价方法,比如对篮球网络教学进行评价,需要利用信息技术,参考教师端和学生端的一些数据进行评价,评价的内容可从师生登录次数、在线总时间、回答问题次数等方面着手确定。对于不同学习阶段的学生也要采用不同的评价方式,比如对于大学生来说,在整个篮球课程学习过程中,必须将其运动技能学习的过程性、动态性等方面的内容纳入评价指标体系,如篮球兴趣、课外体育锻炼、终身体育锻炼意识、课堂表现、篮球技能提升等。

除此之外,应注重对传统教学评价方式的创造性运用,实现从单一的教学评价到多种教学评价组合运用。如:教师要利用好过程性评价和终结性评价,前者能及时发现在教学和学习中存在的问题,及时对教学方法进行修正;后者可以体现单元模块教学目标的完成情况,便于教师总结反思,考查学生技能学习水平,便于在后续的教学中进一步改进。总之,过程性和终结性两种评价结合的方式,可以在一定程度上增强篮球教学评价的客观性。

第四章
篮球运动技术教学与创新

篮球运动技术是篮球运动的灵魂，更是无数篮球爱好者们不断练习、追求提升的主要内容。本章将对篮球运动技术的教学进行全面的梳理并尝试探索篮球运动技术教学的创新，为篮球运动技术教学的不断发展提供一些新思路。包括篮球运动技术概述、篮球准备姿势与移动技术教学与练习、篮球常用技术教学与练习、篮球运动技术教学改革与创新四个方面的内容。

第一节　篮球运动技术概述

一、篮球运动技术的概念

篮球运动技术是指在激烈对抗的比赛中,双方球员在遵守比赛规则的情况下,为了取得比赛胜利所采用的专项动作方法的总称。它在遵循运动生物力学、运动生理学、运动解剖学和人体工程学学科知识的构架下依据篮球运动特点分化出的移动、控球、传接球、投篮、防守、抢球技术等,在这些动作的基础上所形成组合动作体系。

二、篮球运动技术的特点

(一)技术演变

在篮球运动的发生发展过程中,诸多因素对篮球技术的演变产生了巨大的影响。

1.规则的演变

随着篮球运动场地规则裁判法的演变,从 1892 年篮球运动诞生了第一部篮球运动裁判法(即《青年会篮球规则》),主要是从限制粗野犯规开始,发展到今天,篮球运动的场地、区域还有规则裁判法都发生了巨大变化,新的法规又催生了技术的变革。比如说,3 秒限制区范围的由小到大,使篮球中锋技术更全面、活动范围扩大;3 分区的建立使过去全队一次成功投篮得 2 分变成了一次投篮能够得到 3 分,各队为了在比赛中得到更多的分数从而更加重视发展远距离投篮技术。

2.身体素质和身体差异的变化

随着篮球运动的发展,篮球运动场上出现了2米以上的运动员,投篮技术从双手投篮、单手投篮、运球上篮等又发明了跳投、抛投、扣篮技术。身高和身体素质的变化,使得篮球比赛的节奏越来越快,身体对抗越来越强,从而提高了运动员在快速、对抗的条件下综合运用技术的能力。

3.攻守技术的演进

随着篮球比赛中进攻与防守的矛盾不断升级,攻守技术由单一向复合型方向发展。单一技术变成了复合技术,这种技术的演变对运动员提出了更高的要求,也带来了攻防技术不断革新,从而催生了篮球技术在理论与实践上的创新。

4.场地器材的变化

过去的比赛多在室外进行,由于条件的限制运动员的技术发挥受到了影响,随着社会的发展,现在的篮球运动多在室内开展,良好的场地器材环境使运动员能够超水平发挥,也在一定程度上促进了篮球技术的进步。比如篮球,过去比赛用的都是传统手工缝制的篮球,现在的篮球采用新的技术使得篮球的手感更好,控球能力更强,便于更好的发挥技术。

5.不同地域文化和不同民族身体差异

篮球运动起源于美国,在美洲大陆首先开展,鉴于黑人运动员有着超强的身体素质、奔跑速度、爆发力和弹跳能力,无论是从个人攻守的空间还是技术的使用上,尤其是高难度技术的发展,黑人运动员都起到了巨大的推动作用。不同的地域文化形成了不同的打法和流派,欧洲篮球是一种团队型篮球,突出对抗、高、快、准的整体型打法;以美国为代表的美洲篮球,属于技术全面、灵活多变的打法,以队员个人进攻防守技术为主体的篮球构架,强调运动员的个人能力,球星的作用更明显和突出。大洋洲篮球的特点近似欧洲,然而亚洲运动员在身高和对抗上不具有优势,身体素质也不如欧美,因此需要在快速灵活、机动准确,以及攻守团队配合上发挥自己的特长和优势。

6. 现代媒体技术的发展革新

传统媒体都是以报纸、广播等方式介绍和宣传篮球运动,难以看到真实的现场画面、慢动作回放。现代媒体缩小了世界之间的距离,新的技术和新的打法,立刻就会被各个国家捕捉学习,比如 NBA 的转播,很多青少年都在模仿学习一些 NBA 篮球球星的新技术。

7. 女子技术男子化

随着女子身高和身体素质的提升,女子技术更加贴近男子技术水平,打法技术也更加趋近。比如,女篮也可以完成扣篮等男子技术动作。

(二)当今的技术特点

1. 人的运动能力与球的结合更强

人的运动能力的提高促进了技术的不断发展,以人的感知觉对动作的控制越来越精细,身体超范围、超限制的运动能力越来越强,高难度的技术不断发展创新,在比赛中运动员对球的控制能力更强,更加自由灵活,技术动作更协调一致,使球成为人体延伸的一部分,人球一体高度融合,更显现了篮球技术的美感。

2. 技术更加全面

高、快、准、灵活是现代篮球发展的主要特征之一,现代篮球在运动员身高、攻防速度、投篮命中率、身体的灵活性上相比原来有较大提高,技术更加全面,打破了传统篮球位置技术的界线,尤其是模糊了2、3、4号位的位置技术,队员之间可以互换角色,3D 型球员是各个球队必不可少的标准配置,甚至中锋也具备大前锋技术,具有大范围的活动、投三分和组织进攻传导球的能力。位置技术差异性逐渐缩小,技术高度融合。

3. 动作的规范性与非常规动作的合理运用能力更强

根据人体工程学、生物力学等学科的原理、每个人关节活动度和柔韧性的个体差异,比赛中既有规范动作,也有超常规的技术动作,在对抗性很强的集体项目当中,有些时候会使用非常规技术动作,来完成投篮、传接球等技术,但是这些非常规技术是建立在常规技术之上的一些随机应变和创新,在比赛中也取得了很好的效果。

4. 心理素质、道德品质、意志品质对篮球技术的影响得到充分体现

在激烈对抗的篮球比赛中,过硬的心理素质对运动员技术的发挥产生了较大的影响,比如在罚球和关键分投篮时,能够抵抗压力积极转化心态是保障运动员稳定发挥的关键;在决定比赛胜负的关键时刻,运动员需要做到大心脏、不手软,头脑清晰出手果断,合理传球和组织攻守;在遇到防守强度大的比赛时,更要不畏对抗、敢于对抗、敢打敢拼,发挥出自己应有的技术水平。

5. 在高对抗、高速度、小空间中完成技术的能力

随着运动员身高、速度、柔韧性的大幅提升,促使个体活动范围更大,场地空间相对变小,运动员必须在小空间情况下具备完成快速技术运用能力,包括单个快速技术和组合技术的快速完成能力,以便抓住瞬时出现的战机。

6. 对运动员的知识结构要求更高

现代篮球的发展,篮球不仅是身体、心理的对抗,更需要运动员具备知识结构去支撑训练和比赛,运动员需要了解和学习与人体解剖学、运动生物力学等相关的知识,在脑海中构建篮球运动所需具备的知识框架,分析篮球运动过程中的抛物线、旋转的规律,能够利用重力、惯性、

作用力和反作用力更好的提升自己支配球的能力,再结合速度、空间和本体感觉,从而更全面地掌握篮球技术,使得自己能够在比赛中更加灵活地运用技术。

7.篮球技术中的美学视角

篮球技术是人体力量美、动作美等的展现,技术动作舒展协调,突出动作的连贯性,也不断加强了运动员对球的感知和对球的控制。美学集中体现在动静快慢、节奏、动作幅度、舒展协调、灵敏和柔韧当中,不仅在比赛时给人带来视觉上的冲击与享受,也会使得很多年轻人去模仿一些新的篮球技术,这也是许多篮球体育明星成为大众喜爱和崇拜的偶像的重要原因。

(三)技术的发展趋势

随着身体素质以及对篮球认知的提升,技术动作的精细化程度会更高,场上队员位置的技术更加全面化,运动员的位置技术差异性更小。

运动员身高更高,移动能力更强,场地相对不变的情况下,使得进攻空间变得更小,更需要运动员具备在高速和小空间下完成和使用技术的能力。

未来篮球运动发展对投篮技术提出了更高的要求,投篮更具备隐蔽性和突然性,在更激烈的攻守对抗当中,投篮的时间窗口越来越少,就要求运动员在投篮时具备较快的出手速度,随着进攻和防守的区域逐渐扩大,三分投篮的距离越来越远,同时要求每个队员都要具备三分投射能力。

在篮球比赛对抗更加激烈的情况下,所有技术都是在高对抗、高速度下完成的,未来可能会促进对抗技术的发展;现代篮球运动对抗非常激烈,但是相应的对抗技术的训练、教学相对滞后,对抗技术可能会成为一个新的技术种类。

第二节　篮球准备姿势与移动技术教学与练习

一、准备姿势

在篮球运动中，运动员为了保持身体平衡，便于观察场上情况，及时根据对手的变化选择采用相应的行动，为了保证技术的衔接和连贯性，要有较为合理的准备姿势。

（一）进攻中的准备姿势

指进攻队的无球队员准备随时跑动、接应、接球、投篮而采取的身体姿势。准备姿势要求身体保持相对较高的重心，两脚采用平行、前后或侧前的方式站立，脚尖向前，与肩同宽，下肢的髋、膝、踝三关节保持弯曲，膝关节弯曲角度大约为 135°。两臂自然屈臂放在身体两侧，便于维持身体平衡，有利于起动、起跳以及接球等技术的完成。目视水平方向，躯干略微前倾，收臂，重心在两腿之间。（如图 4-1 所示）

图 4-1　进攻准备姿势

（二）防守中准备姿势

指在防守中运动员采用的一种身体准备姿势。主要是便于在防守的情况下场上运动员移动、抢位、卡位、起动、转身、蹬胯等技术的灵活运用,防守运动员站立时,两脚的距离大于肩宽,脚尖向前,髋、膝、踝三关节弯曲,膝关节弯曲角度略低于进攻准备姿势的角度,两手臂张开,手心向前侧方,一手向前,另一手在体侧方向,身体重心在两腿之间,躯干稍微前倾,膝关节内扣（内收）,两眼平视前方。（如图 4-2 所示）

图 4-2　防守准备姿势

二、移动

移动是所有运动的基础,是篮球比赛中最基本的元素之一,运动员的运动能力在很大程度上是通过移动来体现的。无论进攻还是防守,运动员不停地通过移动来改变自己所处的位置、方向、空间、高度和速度,是由一般的移动能力与篮球专项技术相结合发展出来的篮球专项的移动技术。

（一）急起（起动）

指运动员为摆脱防守队员的防守,抢占更为有利的空间或者位置而采用的让身体从静止状态（初速度为 0 时）变为行进间的运动状态的最初起动动作,从而获得瞬间攻防双方队员的位置差,建立主动优势地位。人体在静止状态下必须要保持身体重心的平衡,而在跑动的情况下,身体重心是保持运动状态,因此想从静止变为运动状态,就必须要打破运动员身体重心的平衡,利用失衡和重力产生的身体倾斜与地面之间形成的夹角,获得蹬地的角度,随着脚的蹬地,从而产生了作用力与反作用力,来克服身体的重力,产生运动位移。

人体重心的平衡是由两脚之间的站位面积和身体重心的重合来决定,因此打破平衡有 4 种方式。

第一种是倒体式方式,两脚站立不动,利用身体重心的前倾和侧倾来超越两脚站立的平衡面积,形成倾斜角度。

第二种是两脚站立不动时,突然撤离一侧的支撑脚,使身体瞬间失去重心的平衡,重心倒向另外一侧,形成倾斜夹角,支撑脚蹬地发力,从而产生作用力与反作用力,另一只脚向移动方向快速跨出,形成起动。

第三种是起跑式起动,即使用后脚或一侧的脚蹬地产生作用力与反作用力的起动。(如图 4-3 所示)

图 4-3　起跑式起动

第四种是落地式起动,是指人体从腾空状态到落地时的起动移动,首先要控制好空中身体重心和身体姿态,落地时以两脚先后或同时落地,重心偏离到将要移动的方向上,异侧脚迅速有力地蹬地,同时摆臂,加快步频,迅速完成起动。

(二)跑动(移动)

指场上攻守队员之间为了尽快达到某一位置(区域),通过脚步的移动来完成,具备灵活、快速、突变的特征,包括变速跑、侧身跑、变向跑、后退跑。

1. 变速跑

指场上运动员行进间移动速度的改变,出现急加速和急减速的速度
变化,从而产生快与慢的变速,形成场上位置的优势。移动中需要加速、
提速时,身体重心首先往移动方向倾斜,随后两脚前脚掌迅速有力短促
地蹬地,并加快步频,两手臂快速摆臂,加快摆臂频率与幅度,以增加反
作用力,并配合下肢的频率,从而起到加速作用。减速时,上身抬起,后
移重心,躯干近似于直立,步幅增大,脚掌抵地,减少冲力。

2. 侧身跑

指球员在跑动中为了便于观察场上的情况,头部和躯干向有球一侧
方向转动的一种专项跑动技术。特点是脚尖和跑动方向一致,身体和头
部转向有球一侧的方向,便于观察和接球,两手臂向前摆动的同时外侧
手摆臂幅度略大于内侧手臂,一般在快攻、快下使用。

3. 变向跑

指运动员为摆脱对手的防守,突然改变自己运动方向的一种技术。
以向右变向为例,变向前屈膝,左脚尖内扣,并朝向将要跑动的方向。同
时左脚内侧前脚掌蹬地,身体向右前方向转体,并向右前移动重心,右
脚极速跟上并向右前方迅速跨出一小步,同时进行短促有力的蹬地,左
脚快速向右前方跨出,加速向右前方移动。向左方向变向时,动作相反,
方法相同。(如图 4-4 所示)

图 4-4　变向跑

4.后退跑

指运动员背对运动方向的一种跑动技术。在比赛中经常看到由攻转守的一方多采用此方法移动,主要是便于观察场上对方队员的移动情况。后退跑时两臂屈肘在身体两侧自然摆动,躯干放松直立或者稍微向后倾斜,两眼平视前方,两脚跟提起(提踵),两脚前脚掌交替蹬地向后移动身体,当一侧脚向前下方蹬地的同时,另一侧腿提膝收小腿向身体后方摆动到身体重心稍后的位置,伸腿并用前脚掌落地,同时支撑并蹬地,循环往复进行。

(三)急停

指运动员为摆脱对手干扰进攻,采用突然制动改变位移速度的一种技术方法。有起就有停,它是由运动状态变为静止状态。急停技术可以单用,也可以与其他技术结合使用,与各种脚步、速度、变向等技术衔接组合运用效果更好。急停分为跳步急停和跨步急停两种。

1.跳步急停(一步急停)

跳步急停一般用在中速和慢速跑的过程中,运动员最后一步采用单脚蹬地,身体略有腾空,身体重心和躯干稍向身体后侧方向偏移。两脚屈膝平行同时落地,落地时后脚跟先落地,再过渡到全脚掌落地,双脚前脚掌内侧蹬地,膝关节内收,身体重心下降,脚尖稍内扣,双臂自然弯曲,控制身体平衡。(如图4-5所示)

图4-5 跳步急停

2.跨步急停（两步急停）

一般用在速度较快移动中的急停，运动员在快速运动中，左脚向前跨出一大步，用左脚的后外侧脚跟先着地，缓冲过渡到全脚掌落地，脚尖稍转向左前方，在这个过程中，重心靠后，身体略后仰，屈膝降低重心。身体朝向略微向左，减缓向前的冲力，右脚随重心向前迅速跨出第二步，右脚脚尖向内扣，右膝关节内收，右脚前脚掌内侧着地并蹬住地面，身体稍向左转，重心放在两腿之间，两臂弯曲张开在身体的两侧，维持好身体平衡。（如图4-6所示，箭头指示运动轨迹方向）

图4-6　跨步急停

（四）跳

运动员在比赛中为了争夺立体空间的主动权，占据更为有利的空间位置的一种方法。在进攻和防守中很多技术都需要运动员在空中去完成，运动员经常采用行进间起跳、原地起跳、单脚双脚起跳及向各个不同方向的起跳，并且要求运动员起跳的高度高、时间短（起跳速度要快），经常用于跳球、投篮、抢篮板球、盖帽、抢断球、跳传球等技术当中。

1.单腿起跳

常用于跑投、投篮、抢前场篮板球等技术当中，以左腿起跳为例，左腿迅速跨出一步，脚跟积极着地，迅速屈膝，前移重心，迅速过渡到前脚掌用力蹬地，同时向上摆臂，提腰。右腿提膝上摆，当身体跳至最高点时，右腿放膝与起跳腿并拢伸直，身体伸展手臂上抬到最高点，落地时两腿略微分开,同时膝关节、踝关节、髋关节弯曲缓冲,控制好身体平衡。单腿起跳多在移动的情况下运用。

2. 双腿起跳

双腿起跳时两脚开立,踝关节、膝关节、髋关节弯曲,身体重心下移并下蹲,同时两臂后摆,躯干前倾,起跳时两脚的前脚掌同时蹬地,踝、膝、髋关节同时由屈到伸,提腰。两臂迅速上摆,身体向上跳起,两手向上伸臂、身体充分伸展,到最高点下落时,两脚前脚掌着地,踝、髋、膝关节弯曲缓冲下落的重力,保持平衡,做好衔接下一个动作的准备。双脚起跳多用于原地起跳、上步或并步起跳等。

(五)转身

转身技术在篮球比赛攻守中都得到了广泛的应用,进攻时常与急停跨步结合运用,来摆脱防守人的防守;防守时,运用转身进行抢占防守位置、挡人、抢篮板球等。它是以一只脚为中枢脚,另一只脚蹬地,通过身体重心的控制,形成了半圆形(90°—180°)的向前转和向后转体,经常与其他进攻和防守技术组合使用。转身时,身体重心平稳,起伏较小,腿蹬地后通过身体核心力量的收紧,以中枢脚的前脚掌为轴,迅速向前或者向后转身。

1. 前转身

移动脚蹬地后从中枢脚的前方转身的叫前转身。(如图4-7所示,箭头指示运动轨迹方向)。

图4-7　前转身

2.后转身

移动脚蹬地后从中枢脚的后方转身的叫后转身。(如图 4-8 所示,箭对指示运动轨迹方向)

图 4-8　后转身

(六)跨步

跨步是以两脚中的左右任何一脚为中枢脚,在不改变自己身体移动方向的前提下,另一只脚向前或者向侧方跨出一步,常用在进攻当中的假动作、持球突破等摆脱防守的技术中使用。跨步分为同侧步跨步和异侧步跨步两种。

1.同侧步跨步

也叫顺步跨步,运动员的移动脚同手同脚向一个方向跨出(一顺边叫同侧步),具体方法是:两腿弯曲,左脚蹬地,右脚向右侧方向跨出,身体重心移到前脚,脚尖方向与进攻方向相同,躯干略微向右侧转。

2.异侧步跨步

又称交叉步,移动脚与中枢脚方向交叉,以左脚为例,左脚为移动脚时,右脚为中枢脚,左脚蹬地后从中枢脚的前侧向身体的右前方跨出一步,同时躯干向右前方转动,注意转身探肩。

(七)滑步

滑步是比赛中防守方运动员在防守基本准备姿势的基础上采用的一种横向、纵向、斜向的移动方法,可以向不同的方向移动,重心转移快,移动速度、速率快,运动员经常运用滑步技术防守进攻队员。滑步可分为:横滑步、前滑步、后滑步、斜向滑步等。

1.横滑步

也叫侧滑步,两脚平行开立,脚尖向前,踝、膝、髋关节弯曲,膝关节弯曲角度较大,两臂大致平伸,肘关节略微弯曲,躯干稍前倾,眼睛平视对手,下颌内收,身体重心降低并保持在两腿之间。向右侧滑步时,右脚向右侧方向跨出一小步,同时左脚前脚掌脚内侧蹬地,右脚落地时左脚跟随滑动,向右脚方向靠近,两脚保持滑步前的距离。滑动时要求身体上下重心不要起伏,滑动幅度根据防守的要求可大可小,右脚跨步距离和左脚跟随距离基本相等。跨步时,右脚不要抬离地面过高,形成重心的起伏和不稳,影响后面衔接技术的连贯性。反向滑步时,动作和方向相反。(如图4-9所示,箭头指示运动轨迹方向)

图4-9 横滑步

2. 前滑步

前滑步时两脚前后开立,前脚尖指向滑动方向,两臂的位置和方向与脚基本同侧,后臂伸向体侧,上体稍微前倾,重心高度适合,滑动时后脚的前脚掌内侧蹬地,前脚向滑动方向迈出一小步,后脚滑动跟上。(如图 4-10 所示,箭头指示运动轨迹方向)

图 4-10　前滑步

3. 后滑步

后滑步所采用的移动方向和发力顺序与前滑步相反。(如图 4-11所示,箭头指示运动轨迹方向)

图 4-11　后滑步

(八)步法

1. 后撤步

后撤步是运动员防守时,两脚前后站位将前脚变为后脚的一种步法。经常与滑步、交叉步等其他防守技术综合运用，形成连贯的防守步法。以右脚在侧前，左脚在侧后的斜向站位为例，后撤步时右脚前脚掌内侧短促有力蹬地，以左脚前脚掌为轴碾地，向右后侧转体，同时右脚向右后侧撤步着地，右臂随之移动到后撤脚的同侧。注意后撤角度不要过大，重心不要起伏，蹬步、撤步、动作要连贯，完成撤步后迅速连接滑步、交叉步等防守技术，保持好身体平衡。（如图 4-12 所示）

图 4-12　后撤步

2. 攻击步

也叫拳击步，是积极主动防守时采用的一种步法。在防守中，运动员利用后脚前脚掌迅速、短促、有力地蹬地，使前脚突然向前跨出迫近对手，屈膝降低重心，重心在两腿之间偏向前脚，用靠近对手前侧的手抢球、拉近自己和对手之间的距离，进而干扰对手的一种攻击性防守步法。

3. 碎步

碎步是防守步法当中运用较多的一项，它具有频率快、步幅小、起动快、重心调整快的特点。两脚平行开立，腿弯曲、重心低、上体稍微前倾，两脚前脚掌连续蹬地，快频率小步幅向不同的方向移动。步法移动幅度小，通常为半脚的距离。

4. 绕步

绕步是防守中为了限制对手的移动方向和对手接球所采用的环绕

式的一种防守步法。它分为绕前和绕后两种,绕前防守时,防守队员采用前脚向斜前方跨出半步,后脚迅速蹬地,身体绕过对手,向侧前方跨出,手臂作出相应的挥摆阻扰动作,影响对手接球和正常的移动。向后绕步技术动作,与绕前技术相同,动作方向相反,是从后方跨步绕过。

5. 交叉步

交叉步是运动员在防守中用滑步跟防时,由于对手移动速度过快,跟不上对手的速度和节奏,将要被对手超越的时候,通常运用交叉步的方法来实现快速位移的一种步法。它的速度比跑步慢、比滑步快、在移动速度和位移上介于两者之间,且移动幅度较大,一般会结合跑步、滑步、跨步等技术同时运用。站立时重心的移动与滑步技术动作要求基本相同。

以向左侧移动为例,左脚向左侧横跨一步,右脚蹬地,利用反作用力,从左腿的前侧摆腿至左腿的左前侧落地,左脚横跨一步,完成一个交叉步。同时两手臂的位置与横向滑步和纵向滑步时相同,保持平衡。

三、准备姿势与移动技术的学与练

（1）准备姿势和移动技术在篮球运动中所运用的比例较高,与其他技术连接紧密,良好的脚步移动技术可以使学生在篮球技术提升方面更进一层。此项技术属于无球技术,学生训练当中会感觉训练乏味,需要教师首先要给学生讲解篮球准备姿势和移动技术的重要性。

（2）提高学生思想上的重视程度,从而激发学生的学习兴趣,使学生更重视学与练；在训练中教师尽量把教学内容安排得生动有趣,具有游戏性,寓教于乐,提高学生的学习兴趣。

（3）抓住移动技术的关键,概括共性的东西,然后使学生在学习当中能够知道关键技术的重点,有针对性地加强练习；例如,从重心的破坏到维持重心的平衡的关系,包括蹬地脚和中枢脚的关系等。

（4）准备姿势和移动作为篮球教学的先导内容安排,初学者一般最早学习的技术就是准备姿势和移动,可以按照难易程度做好前后教学的安排,例如先学准备姿势,再学起、跑、停、跳、转、跨和滑,最后结合交叉步、撤步等组合练习。

（5）在掌握单个技术动作的基础上再与组合移动技术练习相结合。

（6）通过看和听来进行组合技术练习，增加学生随机应变使用技术动作的能力。

（7）提高身体素质对移动技术的掌握使用具有很大的帮助，因此要强化下肢和腰腹的力量练习。

（8）先从原地体会动作开始，采用从慢到快的练习方式。

（9）进攻和防守的准备姿势分为：基本站立的准备姿势和防守站立的准备姿势，原地练习进攻和防守不同的准备姿势。

（10）两种准备姿势的互相转化练习。

（11）进攻准备姿势与跑动、走动、转身和各种步法结合，最后还原成基本的准备姿势站立的练习。

（12）起动练习时，先结合重心的转移，体验身体重心的移动。

（13）原地做破坏身体重心（重心前倒、侧倒），体会破坏身体重心的本体感觉。

（14）从基本站立重心前倾或侧倾到失去重心时加速快跑练习。

（15）主动蹬地摆腿摆臂加速的练习，当上体前倾到适合的角度（腿和地面形成一定夹角）时，异侧脚迅速有力地蹬地，摆动腿迈向前进方向，随着两到三步的短促有力的加速跑，形成起动，主要体会蹬地的角度、力量和移动速度的关系。

（16）听声音和看信号快速起动、变向、转身和急停练习。

（17）原地碎步、跳跃、向前和两侧移动的蹬地等起动练习。

（18）体会蹬地和频率的练习，可以采用上坡跑、下坡跑、楼梯跑。

（19）接困难球练习，两人一组，一人持球，相距1.5米面对面站立，接球人采用屈膝降重心，同时采用小碎步及时控制和调整身体重心的移动，抛球人将球抛到接球人两步以外的距离，抛球人可采用随意抛球、重复抛球落点和假动作抛球，迷惑接球队员，增加接球难度，接球人在判断球的落点后快速起动，用单手或双手在球落地前接住来球，回抛给传球人，重复练习。此练习重在加强学生判断反应、起动和二次起动的能力。

（20）采用移动追逐类游戏，锻炼反应和起动加速相结合的能力。

（21）前后弓步 – 听哨声起动。

（22）坐在地上听信号站立起动加速跑。

（23）全场直线加速跑练习，一列纵队在底线站立，直线加速跑过中场的中场线后放松跑到底线,转到场地的另一侧返回,循环练习。

（24）全场的侧身跑练习,学生分成两列纵队分别在篮球场同一底线和三分线交界处,采用侧身跑的方式移动到对方底线交换方向站立等候。此练习利用篮球的全场练习侧身跑技术和侧身跑线路。

（25）利用篮球场的全场进行加速跑、变向跑、侧身跑、转身跑、倒退跑等综合移动练习。

（26）全场前进和倒退跑练习,向前跑和倒退跑相结合。

（27）听和看信号做变速跑、转身跑、后退跑。

（28）先在走动和慢跑中练习跨步和跳步急停,在跑动中听哨音练习急停,一声哨音为一步急停,两声哨音为跨步急停。

（29）与慢跑当中的急停和转身结合的练习。

（30）在跑动过程当中的急停急起技术的练习,要求急停重心要稳。

（31）急停后结合急起、变向、转身等移动技术的综合练习。

（32）模仿跟随追逐移动练习:两人一组沿半场边线移动,一人采用急起急停、变向转身、倒退等移动技术,另外一人在紧跟对方的同时模仿对方动作。

（33）全场的折返跑练习,主要练习急起急停转身跑。

（34）转身练习:原地以一脚为轴,先做原地90度转身,再做原地180度转身;然后原地做前转身和后转身;在移动中做前后转身练习。

（35）跳跃练习:先做原地双脚起跳,练习原地一步起跳,然后助跑进行单双脚的起跳练习;跑动中的左右跨步双脚起跳;跑动当中的左右脚单腿起跳;向各个方向的跳跃练习;跳起后结合落地快速起动练习。

（36）原地连续双腿起跳的练习,练习者站在篮板下,双腿连续起跳后,单手和双手连续摸篮板下沿,这个练习主要是练习连续起跳能力,对起跳的速度和身体重心的控制都有较高的要求。一组15 ~ 16个,练习三组。

（37）助跑单腿起跳摸高练习,场地的两侧与篮筐成45度助跑起跳,单手摸高,要求摸到篮筐或篮板,左右连续。这个练习对速度结合起跳、手脚协调配合能力都有较高的要求。一组10个,练习三组。

（38）左右滑步、前后滑步、侧向滑步练习。

（39）根据信号或哨声选择向各个方向的滑步练习。

（40）原地上步和后撤步练习。

（41）慢速的交叉步和中速的交叉步练习。

（42）攻击步和碎步练习。

（43）上述涉及的各种防守步法（交叉步、后撤步、攻击步、碎步等）和滑步的结合练习。

（44）利用篮球场地当中的三秒区和罚球弧的弧线以及横纵的实线，进行防守移动技术的练习，增加移动脚步的灵活性。

（45）利用篮球场的边线进行单人的、行进间的各种防守步法的单一和组合练习。

（46）防守步法练习时：利用场地的边线，两人一组，进攻队员采用急停急起、变向转身；防守队员距其1米的距离，采用防守移动步法（各个方向的滑步、交叉步、撤步、攻击步、碎步等防守步法）跟随其移动。进攻一队的运动员可以采取消极、慢速的方式，减少防守人的防守难度，待防守人熟练后，采用积极的进攻移动方式，摆脱防守人的防守，防守人则努力跟防进攻人。

（47）利用篮球场全场跑动技术和防守移动技术的综合练习，例如可以用篮球场全场去时沿右边线移动，回来时沿左边线移动，可以采用进攻和防守的综合步法进行练习。

（48）全场的一对一持球攻守练习，主要练习防守人的防守技术综合运用能力。

第三节　篮球常用技术教学与练习

一、传接球技术

传接球是篮球比赛中运用非常广泛的一种进攻技术。其中，传球是一种无声的语言，是进攻组织的桥梁和纽带；传球也是一种艺术，在篮球运动中体现了美感；传球同样也体现着运动员的篮球智慧。好的传球技术在比赛时起到了穿针引线的作用，能够做到人到球到，甚至球领着人走，使比赛进攻更加流畅，破坏对方防守的部署，创造进攻的良机。

（一）传球技术的技术动作分析

在篮球比赛中传球的方法纷繁复杂，从传球队员的传球到同伴的接球，传接球技术主要由以下几个技术环节构成：持球动作、传球手法、传出球以后球的飞行路线、球的落点和位置。具体分析如下：

1. 持球动作

持球技术分为单手持球和双手持球两种，单手持球时五指自然弯曲分开，手指的曲度与球的弧线吻合，指根部以上部位接触球（即拇指第一、第二关节，其他四指的第一、第二、第三关节触球），持球的下部，手心空出。（如图4-13所示）

双手持球时手指自然分开，弯曲与球形相符，两拇指相对成八字状，持球的左右两侧偏上的位置，手心空出。（图4-14所示）

图4-13　单手持球

图4-14　双手持球

2. 传球手法

传球的技术多种多样，从球的飞行路线来看，有传平球、弧线球、击地反弹和高弧线球；从距离来看，分远、中、近和手递手传球；从传球的部位来看，有头上、肩部、体侧、身前和身后的各种传球；传球的发力顺序、技术动作特点各不相同。传球的一般规律就是从传球前持球立腕（后仰）开始，手腕的屈腕、手指的拨球速度力量的大小，以及作用球的部位不同，球的飞行路线、速度、落点、角度都存在差异。发力方向与球的重心重合并作用在球的正后方时，球是基本沿着水平方向飞行，如果出手作用力作用于球的后下方，并通过球的重心，球是向前上方飞出；如果作用在球的后上方，并通过球的重心，球是向前下方运行（击地反弹）。屈腕屈指动作越快，手指拨球的力量越大，球飞行的速度越快，反之则慢。传球时由于技术动作多样，发力的顺序也略有变化，一般来讲，都是通过下肢蹬地的发力，向上通过腰腹传导到肩，通过手臂的伸臂，最终作用在腕指用力，这样才能更好的完成发力，提高传球质量。

3. 传出球以后球的飞行路线

常规的飞行路线有直平线传球、弧线传球、折线传球三种。

4. 球的落点和位置

球的落地是指球要达到的位置，要选择接球人接球时最舒服的位置，即胸腰高度，便于接球人接球后更好的衔接其他技术动作。在同伴有防守时，要将球传到远离防守者的一侧。在快攻时，球要传到同伴的身前，提前量与速度相匹配，使同伴接球后，无需进行调整就可能够完成进攻技术。

（二）传球技术动作方法

1. 双手胸前传球

双手胸前传球是传球技术当中最基本的技术，很多传球技术都是根据此项技术演变而成的。双手胸前传球适用范围广，包括远距离、中距离、近距离都可以使用。它更便于与投篮、运球动作技术相结合，具有一定的隐蔽性。双手胸前传球的持球在胸腹之间的高度，两拇指成八字，掌心留空，五指自然分开，指关节弯曲围成球形，与球的弧线相吻合，双臂自然弯曲于身体两侧，肘关节自然下垂。手腕稍后仰，立腕。两眼平视前方，两脚侧向或者前后开立，身体重心在两腿之间，传球发力从后脚蹬地开始，重心前移的同时双手臂向前做伸臂动作，在手臂将要充分伸直前，手腕向前翻转屈腕屈指，拇指下压，食指中指前屈将球拨出，手心冲前下方，手指冲传球方向，球离手后，身体迅速还原成基本站立姿势。传球距离近，小臂前伸，屈腕屈指的幅度和力量小，传球距离远，需要较大的传球力量和动作幅度，以及出手的速度，需加大蹬地、伸臂及全身的协调用力。（如图4-15所示）

图4-15　双手胸前传球

2. 双手头上传球

它具有传球出球点高，与头上投篮动作结合较好的特点，多用于中远距离传球、发界外球、获得篮板球后的传球、被逼抢情况下的高位传球，还有就是中锋队员利用身高优势，将双臂持球举过头顶进行传球等。首先是双腿前后开立，身体重心在两腿之间，双手持球的中后下部，举过头顶上方，肘关节微屈，两脚蹬地，腰腹伸展用力，手臂发力向前甩动，同时屈腕屈指拨球将球传出。传球动作结束时，手心冲前下方，手指冲传球方向。传球结束后变为准备姿势，便于衔接下一个技术动作。（如图4-16所示）

图 4-16　双手头上传球

3. 双手低手传球

该技术用于近距离的传球,多在掩护、策应、交叉跑位或八字形移动掩护时运用,需要注意的是双手低手传球,传球位置较低,容易被防守对手干扰和抢断,要注意保护好球。双手持球于腹部高度,两腿屈膝开立宽于肩,持球时双手持球的中下部,当同伴距离自己较近时,手腕由下向上屈腕,五指屈指向上拨球,将球传出。一般结合转身和移动技术动作使用。(如图 4-17 所示,箭头指示运动轨迹方向)

图 4-17　双手低手传球

4. 单手肩上传球

通常用于远距离的传球,在发球、掷界外球、抢到篮板球后发动快攻的传球,由于单手传球比双手传球做功距离长,蹬地转体动作更充分,身体作用在球上的力量更大，所以一般长距离传球时使用较多。以左手传球为例，两脚前后开立，屈膝与肩同宽，双手持球在胸腹高度，右脚向前迈出一步，同时变单手持球，手心向上，持球的下部，将球放到左肩的上方，左肘稍微外展，大臂基本与地面保持平行，手腕向后仰腕，身体侧向传球方向，重心在后脚上，传球时后脚蹬地转身，大臂带动小臂快速前摆，手腕手指前屈，通过食指中指将球传出，重心前移至前脚的前侧，后脚向前迈出半步，保持平衡。（如图 4-18 所示，箭头指示运动轨迹方向）

5.击地反弹传球

球沿着前下方的轨迹直线飞行，触地后折线反弹落到同伴腰腹高度，便于同伴接球，主要是中近距离传球时和遇到高个子防守队员时使用较多。击地反弹球可用双手和单手分别完成，它的迷惑性和隐蔽性较强。持球运动员采用两腿前后站立，重心在两腿之间屈膝，双手持球于胸腹部，屈肘立腕，目光平视，传球时后脚蹬地，双臂或单臂向前下方伸出，同时屈指屈腕拨球，使球落地后反弹到接球运动员胸腹高度。一般球的击球点在靠近接球队员三分之一的距离处。（如图 4-19 所示）

图 4-18　单手肩上传球

图 4-19　击地反弹传球

（三）接球技术动作方法

接球技术是篮球运动中重要的基本技术之一,是无球队员获得球权的主要技术,在场上运动员只有接好球才能衔接好下一步的有球攻击。同时良好的接球技术还可以减少同伴的传球失误、弥补球传的不准、不到位等问题,同时还是抢篮板球、断球、补篮技术的基础。好的接球能够迅速衔接下一个进攻技术,接球技术不好则容易延误进攻机会,甚至丢球、失误。接球主要有单手、双手接球技术。

1. 单手接球

单手的移动范围较大,可以接不同方向的来球,单手接球时同侧脚向来球方向迈出一步,身体重心向前移动,双眼平视来球,手臂向来球方向伸出迎球,手指自然放松分开,指关节弯曲,与手掌形成勺形,手指冲来球方向,当手指触球时,手臂沿球的飞行方向顺势屈臂立腕,向后引球,以缓冲来球的力量,另一只手靠向持球手,持球手引球至两手握球收于胸腹之间。（如图 4-20 所示,箭头指示运动轨迹方向）

图 4-20　单手接球

2. 双手接球

在篮球比赛中运用最多,接球时两眼注视来球方向,两脚前后开立,重心在两腿之间偏向前脚的位置,手臂前伸迎球,两拇指成八字,指距两寸左右,手指自然放松,关节弯曲围成球形,手指指向来球方向,当来球接触手指后,两臂屈臂后引,缓冲来球的冲力,手腕后仰,身体重心后移至两腿之间,保持身体平衡。两手持球收于胸腹之间,立腕,同时做好三威胁,即传球、投篮和突破的准备。双手接球时由于球的高度、方向、速度有所不同,接球的双臂的朝向、收引球的动作速度也略有不同。无论哪种接球,都是沿着球的飞行方向施加阻力,达到使来球减速的目的。(如图 4-21 所示,箭头指示运动轨迹方向)

图 4-21　双手接球

（四）传接球技术的学与练

（1）做到讲解和示范有机结合，要先讲清楚持球的方法、持球部位和基本的手形，传球的发力顺序：自下而上，伸臂与屈指屈腕的先后顺序、关系，强调接球手臂迎球的重要性，做到传球和接球同等重要，同时教学。

（2）接球技术要从准备姿势、迎球动作、手型、接球后动作的顺序讲起，注意强调传球动作的结束就是接球动作的开始，讲清楚传球和接球动作之间的技术关联。

（3）先易后难从基本的原地双手传接球开始到原地的单手传球，过渡到行进间、击地、远中近距离、正向背向侧向的各种传接球技术。

（4）教学中要提醒学生在传接球过程当中注意手指手腕的灵活性，提高手指手腕和前臂的爆发力。

（5）对于中长距离的行进间传球，要根据移动速度注意传球提前量的控制，便于同伴接球。

（6）在掌握了基本传接球技术之后，与假动作、持球突破、运球投篮相结合，提高学生综合运用和场上随机应变的能力。

（7）在有防守队员防守的情况下传球队员在不失误、不盲目传球的前提下，要求传到同伴的胸腰高度，便于同伴接球和后续技术的衔接。

（8）在传中锋时，要把球传到同伴远离对手一侧的方向，防止断球；接球时，要迎球移动，做好与其他技术的组合运用。

（9）传接球技术是进攻队员之间一种默契的进攻方式，需要接球人和传球人相互了解，好的传球可以做到提前预判进攻机会，球带领人移动。

（10）相距3—5米内原地的单人对墙传球、两人面对面传球、三人的三角传球等各种传接球练习。

（11）相距7—8米两队纵向行进间传接球练习。

（12）相距4—5米两人行进间移动传接球练习。

（13）三人一组左中右落位相距4米进行全场行进间传接球练习。

（14）三人8字传接球练习。

（15）三人8字（小中大）行进间传接球练习。

（16）全场接长传球快攻上篮。

（17）半场四点行进间传接球练习，方法是半场的四个角分为ABCD

四个角,每个点成纵列队形站若干个同学,B队排头持球,A往对角线 C 的位置移动到二分之一距离时,接 B 的排头的传球,迅速将球传给 C 的排头,然后跑到 C 的队尾排队等候;B 的排头往对角线 D 的位置移动到二分之一距离时,接 C 的排头的传球,迅速将球传到 D 的排头,然后跑到 D 的队尾排队等候;C 向对角线 A 的位置移动到二分之一距离时接到 D 的传球,迅速将球传到 A 的排头,然后跑到 A 的队尾排队等候;D 向对角线 B 的位置移动到二分之一距离时接到 A 的排头传球,迅速将球传到 B 的排头,然后跑到 B 的队尾排队等候。以此类推,练习熟练后跑动队员可以采用弧线侧身跑的方式向对角线方向移动,要求移动路线从离传球人较近的位置成弧线向对角线方向移动,也可进行顺时针和逆时针转换的练习。

（18）相距 4 米两人传球一人抢球练习。

（19）划定一定区域内的四传三抢练习。

（20）进行全场三打二练习,要求进攻方只能用传接球的方式向前移动进攻(不能运球)。

（21）半场的两队两个点或三队三个点的传切上篮练习。

（22）全场五对五传切进攻练习,要求每人最多只能运一次球。

二、运球技术

从篮球运动发展的历程来看,运球技术相对于其他各项技术的发展要滞后一些,运球技术是在篮球比赛中运用较多且非常重要的一项技术,它可以起到控制比赛节奏和球权、突破防守打乱对方防守部署的作用。通过运球吸引防守注意力,展开进攻战术配合,利用运球或持球突破,形成进攻的局部优势,逼迫守方队员补防,为进攻同伴创造出优势进攻空间,形成主动局面。随着现代篮球运动的发展及规则的改变,防守不再是被动的方式,而变得更加积极主动和具有攻击性,持球队员不能盲目、过度运球,形成被对方夹击的局面,造成被动,容易产生失误。

运球技术指进攻方持球的运动员根据场上攻守双方的实际情况,采用原地或行进间的单手或交换手拍按球的不同位置使球按一定的轨迹线路运行,并借助地面反弹起来,采用单手或交换手迎接来球并可重复进行的一种动作。

（一）运球技术的技术动作分析

1. 身体姿势

身体躯干上肢保持稍前倾，抬头，平视前方观察攻防情况，两腿前后或侧前站立，重心在两腿之间，屈膝。

2. 手臂动作

运球时，不持球手臂肘关节自然弯曲，抬臂在躯干的前侧方，并且向外略有支撑，扩大防护面积，在有防守队员时起到隔离球的作用，同时注意抬头观察场上情况。另一手（持球手）五指自然分开、弯曲放松，尽量扩大与球的接触面积，便于控制和支配球。用五指的全指及指根部位（掌指关节）触球，掌心空出，与持球动作相似，以肩关节为轴，大臂带动小臂，肘关节从屈肘状态向下伸臂，在肘关节打开的同时屈腕、屈指向下拍按球，持球手向下伸臂送球，球离手后触及地面并反弹起来时，手臂、手腕、手指由下向上做引球动作，前小臂自然屈臂，手腕手指略后仰缓冲球反弹起来的冲力，恢复至运球的开始动作，并且循环往复地进行。

3. 击球点力量及球的落点

根据运动员想要的运球方式，击球的部位和力量均有不同，一般来讲，球的入射角等于球的反射角，拍击球的力量大，球的反弹速度也越快，力量也越大。如果击球的正上部，球会原地上下跳动；击球的后上部，球会向前下方弹出，反弹后会弹向身体的前上方；如若击球的左右两侧，球向左右方向反弹起来以达到变向运球的目的，需要快速运球及快速变向运球时，拍按球的力量要偏大些，速度偏快一些。

4. 手脚的配合及运球的落点

好的运球技术是人与球充分融合,即所谓的人球合一。人对球的敏感度、身体的控制与协调是运球好与坏的基础。保持好腿部动作与身体重心的同时,更要控制好球的落点方向和力量,尽量在控制范围内保护好球,做到"球—我—他"的基本架构,使球的落点和反弹点远离对手一侧,同时注意保持手、脚动作的协调控制,击球力量大小适中,并与其他技术动作结合使用。

(二)运球技术动作方法

1. 高运球

高运球是在比赛中无对方防守队员干扰的场景下,因战术需要加快进攻推进速度而采用的一种较高的运球方法。运球高度一般在胸腹之间,更便于提速和观察场上情况,移动步幅较大。运球时,上体稍向前倾,以较高重心向前移动或原地站立,眼睛平视前方,以肘关节为运动主轴,手心空出,用手指及指根部拍按球的正上方为原地运球;或拍按球的后上方向前下方推压使球向前下方移动,落地反弹后向前上方反弹,人随球而动,球反弹在身体的右前上方胸腹高度,手脚移动配合为1∶2,即拍按一次球脚下移动两步。移动速度慢,放球角度小;移动速度快、步幅大,放球角度越大。(如图 4-22 所示)

图 4-22　高运球

2. 中、低运球

中运球指运球高度低于高运球，一般运球高度在髋关节和大腿之间高度的一种运球方式。运球时以肩关节为轴，大臂带动小臂，膝关节微曲，球的落点在身体的侧前方，注意用身体保护好球的同时，视线平视观察场上情况，非持球手稍抬起，一般用于迫近防守人时采用较多。

低运球是指持球人运球时球的反弹一般不超过膝关节高度的一种运球方式。在对手紧逼或离防守人较近时为了更好的控制和保护好球，采用低运球的方法。由于身体重心较低，手离地面距离近，在增加运球次数的基础上，相对增加了手控制球的时间和距离，便于持球人更好地控球和摆脱对手的干扰。另外，低运球时由于持球人身体重心相对较低，更便于加减速、变向及与各种技术相结合使用。

低运球的技术方法：身体重心降低，两腿前后或侧向开立，膝关节弯曲较大，上体躯干稍前倾，持球手大臂带动小臂，用手腕和手指的力量快速拍按，运、拉球的不同位置以达到不同的落点、角度、方向、速度上的变化。非持球手上抬并向外撑臂护球，有利于摆脱防守人的防守和

对球的控制,加速向进攻方向移动。(如图 4-23 所示)

图 4-23　低运球

3. 急起、急停运球

指持球队员在运球状态下,通过速度的加速减速、急停和急起来达到摆脱防守的一种运球方法。正常运球向前跑时,持球手通常会拍按球的后上方使球向前下方弹出,通过反射角度反弹到运球人的体前侧,通过人体向前移动达到人球同步移动速度来实现人球合一。如果突然变为减速或静止,首先要做急停技术,同时持球手拍按球的前上方,控球使其不再向前移动,人球同时停在同一位置上,降低身体重心,保护好球;如需变成运球急起时,后脚短促有力蹬地,重心前移,持球手手心朝前拍按球的后上部,使球往前下方弹出,反弹后向前上方弹出,同时身体加速前移,与球同步,继续加速超越对手的防守位置。非持球手臂向前伸出抬肘做好护球动作。(如图 4-24 所示)

4. 体前变向运球

指当防守队员堵截运球人的前进方向时,运球运动员采用运球行进间突然改变身体和球的运行方向,利用在身体前侧换手或不换手的运球变向方式主动摆脱防守人。

图 4-24　急起、急停运球

　　体前换手变向运球：通常以右手运动员为例。运球人想从自己的左侧运球突破时，可先向右侧做假动作，在观察到防守人身体重心移动后，突然向左前方变向运球，右手拍按球的右侧上方，向左侧下方拍按、拉、送运球，动作过程靠近躯干，让球向身体的左前侧方向反弹，右脚内侧快速蹬地，并借助反作用力向左前侧方向跨步，身体向左侧转身护球，并迅速降低重心换用左手拍按球的左侧后方，从自己的左侧加速运球突破，同时右手抬起，保护好球。（如图 4-25 所示，箭头指示运动轨迹方向）

图 4-25　体前换手变向运球

体前单手变向运球：运球队员用单手(不换手)变向运球突破对方防守，是用左手从左侧向右拉、按球变向，再用左手从右侧将球拉、按回左侧完成两次变向运球后，从左侧运球突破的一种方式。前面动作与体前换变向运球动作一样，只是当球拉到身体右侧反弹起来后，还用左手拍按反弹球的右侧后方，将球再向左下方拍按，使球反弹回身体左侧并从自己的左侧突破防守人。(如图 4-26 所示，箭头指示运动轨迹方向)

图 4-26　体前单手变向运球

体前单手假动作变向运球：运球人通过运用单手体前弧形变向摆脱对手防守的一种运球突破方式。它与体前单手变向动作方法相近，只是在球落地前完成了单手两次变向动作。以右手运球为例，左脚向左侧前跨出半步，并做向左侧突破的假动作，身体重心同时向左移动，右手持球的右上部，向左侧拉按球后，通过右手手腕的转动，手心冲向身体的右下侧方，在球不落地的情况下，再将球拉回到身体的右侧，并加速从右侧突破对手。同时左手抬起，身体略向右转保护球。（如图4-27所示）

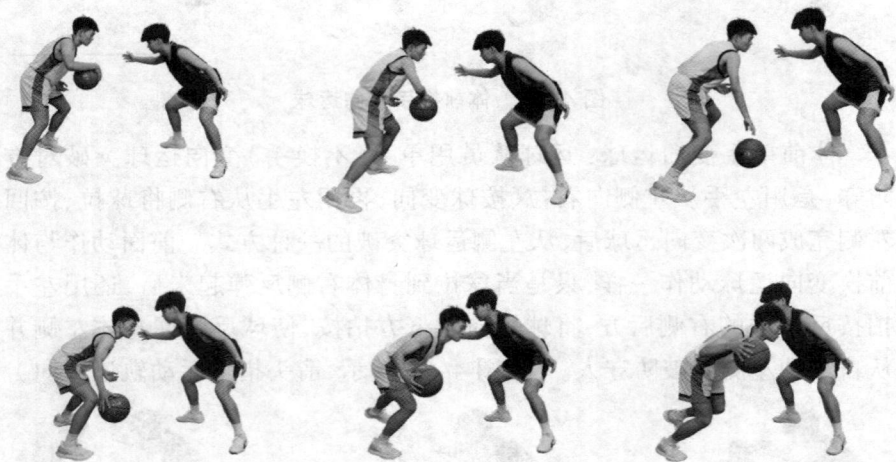

图4-27　体前单手假动作变向运球

胯下换手变向运球：指持球队员运球移动中，将球从身体的一侧经两腿之间以击地反弹的方式变向到身体的另外一侧的运球技术。当运动员右手运球时，左脚向前跨出一步，右手拍按球的右侧上部，往左下方运拉，球经两腿之间击地反弹到身体的左侧后，换左手持球的左后部，同时迈腿加速向前移动。注意变向时降低身体重心，左手迅速伸出迎球并转体侧身，右臂前伸保护好球。（如图4-28所示，箭头指示运动轨迹方向）

图4-28　胯下换手变向运球

　　背后换手运球：指运球人在运球移动时被防守人近距离封堵在持球手一侧，不能使用体前和胯下变向运球时，通过背后变向换手运球来突破防守的一种运球方式。当防守人封堵持球人运球一侧时，（右手）运球人迈出右脚的同时，右手拍按球的前上方，将球拉向自己身体的右后侧，迅速旋转手腕，手心转向前方，手臂以肩关节为轴旋转到身体左后侧，左腿向左前方迈出，右手拍按球的后上方向左侧身体的前方地面推送篮球，使球击地后从身体左侧向前反弹，左手继续运球向前移动，同时，身体略向左前转体探肩、伸右臂，护好球。（如图 4-29 所示，箭头指示运动轨迹方向）

图 4-29　背后换手运球

　　后转身换手变向运球：指运球者遇到防守人堵防在自己持球手身体一侧时，用自己一侧脚为中轴进行后转身，改变方向并交换运球手继续运球前行的一种方法。运球人用右手运球前行中，防守人堵防在自己身体的右侧，在不能进行体前变向时，用右脚内侧蹬地获得反作用力，身体重心降低并左移至左腿上，以左脚的前脚掌为轴做碾地后转身，右手持球的右上方靠近身体拉住球，身体向左后转身180°到250°之间，右手向下拍按球，左手向下伸出迎球，左脚前脚掌蹬地完成转体，右腿迅速向前迈出一步，同时右手撑臂护球，继续加速前进，摆脱对手防守。（如图 4-30 所示，箭头指示运动轨迹方向）

（三）运球技术的学与练

（1）通过多媒体教学手段向学生讲解示范运球基本技术的概念和运球的基本动作，通过不同角度观察使学生建立起对运球技术和运球动作的动作表象，一开始就让学生了解手指手腕对球的控制和支配的重要性，懂得以肩关节为轴大臂带动小臂，最后是手指手腕屈指屈腕向下拍按球的用力顺序。

图 4-30　后转身换手变向运球

（2）在教学过程中遵守由易到难、由简入繁的教学原则，从原地控球开始，逐渐过渡到原地运球、再到行进间运球，最后到运球技术的综合运用，使学生能够扎实学好每一个技术动作，为后续技术动作的学习打好基础。

（3）在教学过程中，将分解动作教学与完整动作教学相结合，灵活运用，使学生能够按照动作技能学习的规律掌握运球技术。

（4）讲解拍按球的部位，让学生懂得在运球过程当中，拍按球的不同位置时球会有规律地向不同的方向反弹，掌握球反弹的规律。

（5）在讲解和体验过程中让学生体验运球的力量越大，球的反弹速度越快，反弹的位置越高，对手的冲击力越大，增强学生对球的控制能力。

（6）从学习运球开始就培养学生养成眼睛平视（不看球进行运球）的意识和习惯，对于训练学生观察场上的比赛情况、具有良好的场上视野以及提高手对球的控制能力会有相当大帮助。

（7）可以采用戴眼罩的方式迫使学生看不到球进行盲运练习，来增强学生运球的手感，改变学生运球时低头看球的习惯。

（8）要培养学生在运球时双腿屈膝，非持球手抬肘抬手护球的习惯。

（9）学生可在原地练习手对球控制，增加手指手腕对球的感知和控制能力。

（10）开始以熟悉球性练习为主，主要体会手指手腕对球的拨控；也可以选择高低不平的地面，进行低姿势运球的练习，增加球的不规则反弹对球的冲击，加强手对球的感知和控制能力。

（11）原地各种高低运球、八字运球、变向运球、换手运球、转身运球、假动作运球等。可以通过听哨音和看手势来改变运球的方式。

（12）在初期学习阶段，通过增加快速和突然间用较大的力量运球的练习，加强变速运球能力和改变运球力量大小的运球方式来增加学生对球的控制能力。

（13）从做一些原地、简单、单一的运球技术开始，熟练掌握后逐渐过渡到 2～3 个的组合运球技术练习。在掌握了原地运球以后，逐渐过渡到行进间运球。

（14）行进间运球时可以通过半场、全场的直线、曲线、折返、绕桩结合练习各种运球技术。

（15）可以在消极防守下进行一对一的直线和曲线等各种运球练习，也可以在积极防守下，进行此练习。

（16）可以采用双人练习：两人各持一球，在自己运球的基础上，在一定的区域范围内用自己另外一只手破坏对方运球。

（17）在掌握了原地和行进间运球以后，要通过各种移动、变向、变速、换手、转身、背后等组合运球动作来发展学生手脚协调配合的能力，同时要提高脚步的灵活性、速度和频率。

（18）由于篮球运动要求篮球运动员左右手技术均衡，所以要通过增强弱侧手的练习，提升学生弱侧手运球和控球的能力，同时也促进了人体的全面、均衡发展。

（19）在练习中把运球技术与其他技术结合进行练习，比如说投篮、传接球、假动作，来提升学生运球技术与其他技术的组合衔接能力。

三、投篮技术

指进攻方球员用专项技术和方法将篮球自上而下地投进篮筐的方式。篮球比赛中，投篮命中率决定比赛的得分，进而决定着比赛的胜负。投篮技术是篮球运动的根本，在篮球场上所做的一切都是为了争取得到更好的投篮机会，投篮得分才是最后想要的结果。投篮技术是篮球运动的核心技术，近年来，随着篮球运动的发展，整体上攻防两端都得到了前所未有的加强，运动员在身高、身体素质等方面也迅猛发展，使原有的投篮技术更加丰富多彩。运动员投篮出手速度越来越快，投篮的隐蔽性和突然性增强，多种难度的投篮技术动作被广泛使用，投篮距离也越来越远。现代篮球运动的发展要求每个队员都要掌握多种投篮技术，都要保持一定的投篮命中率，球场上高大中锋也可以投三分，小个儿运动员也能在内线得分，这些都必须建立在球员具备得分能力的基础上。

（一）投篮技术的技术动作分析

1. 持球方法

持球是基础，是决定投篮手感和控制出手的关键。好的持球技术能够与多种技术相结合。根据单手和双手投篮技术动作的不同而产生了单手投篮持球和双手投篮持球两种持球方式。

单手投篮持球动作：右手手指自然分开弯曲成弧形，手心空出，掌指关节及以上接触球，手腕后仰，球的重心落在右手食指和中指之间，手心向上持球的正下部，大拇指和小拇指开度大约为一字，左手扶球的左侧面，四指向上拇指与出球方向相反，大臂与小臂呈 90 度，并与地面平行，肘关节内收，右手臂与额状轴基本呈 90 度，球放置右肩前上方略高于头的位置。（如图 4-31 所示）

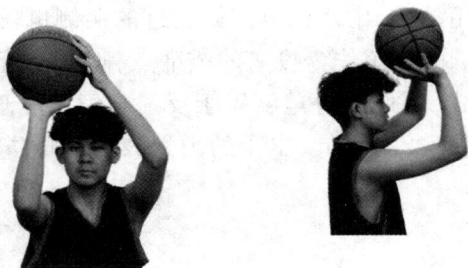

图 4-31　单手投篮持球

双手投篮持球动作：双手手心空出，手指自然弯曲分开，掌指关节以上触球，双手大拇指呈八字相对，手腕稍后仰持球的后外侧，上臂肘关节弯曲，持球高度在胸部和下颌之间。

2.投篮出手方法

投篮出手是指篮球最后离手的动作。出手动作的好坏关系到投篮命中率的几个关键因素，包括空中飞行抛物线的高与低、飞行方向是否准确、出手力量大小是否适中、球自身旋转以及出手后的随动动作。在实际运用中，身体的对抗和防守的干扰都会影响球最后的出手，需要根据实际情况作出相应的调整。出手的发力动作是自下由上，从两脚蹬地获力开始，随着力的上传，身体充分伸展，肩关节上顶，持球手臂提肘伸臂，手腕、手指前屈，拨球及随动。全身协调用力的同时注意手腕、手指对球的控制。在运用行进间投篮和跳投技术时更要控制好身体和出手。

3.瞄篮点

指投篮时瞄准的准星，根据准星位置的远近再调整力量的大小，以及出手的柔和度、速度等变量。

瞄准点：一般会有两个瞄篮点，第一个是篮圈的前沿离自己最近的中间点，第二个是篮圈后沿离自己最远的中心点，这两种方法运用较多。此外，还有以篮圈中心为瞄准点的方法。以上三种方式各有优点，完全凭借投篮者习惯来选择投空心篮的瞄准点。

篮板反弹方式投篮的瞄准点：此种投篮方式是先将球抛射到篮板上的一个瞄篮点，使球碰撞篮板后反弹入筐的一种方式。一般在 15°—

40° 中近距离运用较多,中锋在离篮筐较近的两侧也较常运用。一般将篮板上瞄准框两侧的上角作为投篮的瞄准点,正面投篮时瞄准点为瞄准框上沿的中间位置,利用入射角度等于反射角度的原理,根据投篮时距离的远近、投篮弧度的高与低、出手的力量大小与球本身的旋转调整好最后的瞄准点。

4. 球的飞行抛物线

指球离手后,球在空中呈弧线飞行,称为投篮弧线。一般多指中距离投篮,可分为低、中、高弧线。投篮弧线的变化跟命中率呈正相关。投篮时,球出手的角度和力量决定球的抛物线。

低弧度抛物线投篮:弧线低、平,球与篮筐的夹角小。而入射角度小,篮筐暴露在篮球下的面积也小,容错率低,稍有点偏差就会被弹出,不容易命中。

中弧度抛物线投篮:球的飞行弧线的最高点基本保持与篮板上沿同高,篮筐大部分面积暴露在球的下方,球具备一定的入射角度,相对投篮时出手点和篮筐的位置差角来讲,投篮的弧度更合适。

高弧度抛物线投篮:球的弧线高,入射角度大,篮筐暴露的面积也大,命中率更高,但由于球的飞行路线更长,加上出手点低于篮筐的负角度,需要用较大的力量向上发力,更难以控制动作,命中率反而不高。

5. 球的旋转

正确的投篮出手是通过屈腕屈指,球从食指、中指之间拨出离手,球会产生向后方的旋转(沿横轴向后转),向后旋转会增加球飞行的稳定性和提高球的飞行弧线。另外,如果球落撞在篮圈上面,由于球有向后的旋转而更易落入框中命中。在行进间低手上篮时,球是向前旋转的,在投篮板反弹球时,由于球先撞击篮板故而改变旋转方向,变成向前或向侧方的旋转。另外,一些不规则、不正规的出手,球也会根据力的方向而旋转。

（二）投篮技术动作方法

投篮的技术种类纷繁复杂,方法技术多种多样,可以根据场上不同的位置、空间,选择不同的投篮方式。综合起来主要分为三种投篮技术:原地投篮、跳起投篮和行进间投篮。

1. 原地投篮技术

脚没有移动和跳跃,站在原地投篮的动作。在比赛中,一般在出现绝对投篮空间、罚球和远距离投篮使用。特点是好发力,身体稳定性好,重心和平衡好控制,也是比较好掌握的一种投篮技术。

原地双手胸前投篮:指原地双手持球于胸前的一种投篮方法。特点是力量足,可以远距离投篮,与传接球结合得好,隐蔽性、突然性更强,但是出手点低,容易被干扰和封盖,女子球员运用较多。两脚一般呈左右平开和前后站立,两腿微屈,双手持球于胸前高度,眼睛观察篮筐的瞄篮点,双肘放松自然下垂。投篮时先从下肢蹬地发力开始,躯干腰腹伸展,两手臂借力向前上方提肘伸臂。双手腕同时内翻,两拇指压球,通过拇指、中指、食指将球投出。球离手后,肢体继续沿投篮方向延展前伸,做好随球动作。

原地单手肩上投篮:指以单手持球,另一手护球,持球在单侧肩上方的一种投篮方式。出球点高、适用性强。双手持球于胸腹部,身体呈准备姿势站立,投篮一侧的脚略靠前,躯干略向前倾,双眼目视篮筐的投篮瞄准点,投篮时双脚同时蹬地,右手举球(持球)于右肩的前上方略高于右额前,右手腕略后仰,掌心空出,掌指关节触球,球的重心落在右手的食指和中指的掌根部,左手在球的左侧护球,右臂的大小臂、大臂与躯干、手臂与额状轴均约成 90° 夹角,肘关节略内收,随着下肢、脚踝、膝关节和髋关节的蹬伸,力量上传到腰腹部位,上体逐渐伸直,腰腹向前上伸展的同时,右臂提肘伸臂,手指手腕前屈,右手手指拨球(食、中指),通过中指、食指的指端将球投出,球离手后做好随动、伸展、送球的动作。另外,注意球出手的提踵动作。(如图 4-32 所示)

2.跳起投篮技术

指进攻方持球队员,跳起身体腾空上升临近最高点时完成投篮动作的一种投篮方式。运动员为了获得出手点和角度经常采用跳投的方式投篮,空中投篮动作与原地单手肩上投篮动作基本一致,主要使用双脚起跳或结合急停后再起跳投篮的方式。一般有原地起跳投篮、运球急停后起跳投篮、接球后起跳投篮三种。

图 4-32　原地单手肩上投篮

原地跳投(跳起投篮):在持球准备姿势的基础上,两脚左右或前后开立。手臂自然放松屈肘,持球于胸前高度,重心控制在两腿之间,屈膝、降重心、躯干略微前倾,起跳动作两腿同时用力蹬地,垂直跳起并右手举球于右肩上方(与原地投篮技术相同),身体在空中充分伸展,在身体起跳后达到或临近最高点时,右手臂向前上方提肘伸臂做投篮动作,护球手松离,腕关节前屈,通过食指、中指将球拨出,落地屈膝缓冲的同时保持好身体重心。(如图 4-33 所示)

图 4-33　原地跳投

运球急停跳投：指运球移动变为持球状态下的跳起投篮技术。它结合运球突破形成的空位，突然跳起投篮，一般是在运球移动中采用一步或两步急停，同时控制好身体重心，双手持球迅速起跳腾空临近最高点时的投篮（与原地跳投技术相同）。

球急停跳投：利用移动，摆脱对手形成空位或空间位置差时接到同伴传球后采用的急停跳投技术。移动中采用急停接球的方式，调整好重心，跳起投篮。

3. 行进间投篮

指运动员在移动过程中接球（或运球过程中收球）后采用的跑动式投篮方式。经常用在空切、快攻、运球突破以后或离篮筐较近的距离时使用，俗称跑投。它分为双手、单手两类，其中包括高手、低手和勾手等。

步法共同特点：持球后跨两步，单腿起跳在空中完成投篮，即第一步跨步持球，第二步蹬地起跳。注意保护好球和跨步的幅度以及球出手的控制。

行进间高手投篮：在篮筐附近运球或空切时经常采用的跑投方式。以右手为例，运球或移动时，跨右步时收球或接球，右脚落地后左侧脚再跨出一步并起跳，右手举球，身体腾空临近最高点时提肘伸臂，屈腕屈指，通过食指、中指拨球送出。（如图 4-34 所示，箭头指示运动轨迹方向）

图 4-34　行进间高手投篮

　　行进间低手投篮(上篮)：指运球人跨第一步时双手或单手持球,第二步时起跳身体腾空采用低手(手心向上持球的下部)持球的投篮方式。右腿跨步同时收球,左脚连续跨出第二步,右腿屈膝抬起,双手举球,右手掌心向上持球的下部,右臂向前上方展臂伸出。手腕向前上方屈腕,同时食指和中指拨球使球前旋离手投出。(如图 4-35 所示)

图 4-35　行进间低手投篮(上篮)

4.扣篮

指运动员起跳后单手或双手持球超过篮筐以上的高度,用力将球直接自上而下屈腕屈指扣入篮筐。

原地起跳单双手扣篮:球员单双手持球,利用双脚蹬地起跳,展体举球。当举球整体高度超过篮筐并有较好的入射角时,单臂或双臂前屈并发力屈腕屈指将球自上而下扣入篮筐。

行进间起跳单双手扣篮:球员采用跨步单脚或双脚向前上方起跳的方式,单手或双手举球展体,腾空到持球手高于篮筐时发力屈腕屈指将球扣入篮筐。

5.补篮

指距离篮筐很近的位置起跳后用单双手将球弹拨入篮筐的一种投篮方式。球员原地或行进间完成起跳,蹬地起跳后身体充分伸展,抬手(单手或双手)到最高点,手臂几乎伸直,依靠手腕手指的力量弹拨篮球使其入筐。

(三)投篮技术的学与练

(1)讲解示范动作,建立正确的投篮技术动作概念,并进行分解动作练习,建立正确的动力定型,规范的技术动作,纠正易犯的错误动作,强调上下肢协调发力,持球准备姿势—屈膝举球—下肢蹬地、展体—提肘伸臂—屈腕屈指拨球出手—送球随动。

(2)循序渐进,先易后难:先学原地投篮,再学跳投和行进间投篮。在技术练习上先做分解动作练习,再做完整技术动作练习。练习投篮动作时先做无球徒手动作,再做有球投篮练习,投篮距离先近后远。

(3)在熟练掌握投篮技术后应与其他技术结合运用,例如,运球、传接球、各种脚步移动、假动作等。

(4)篮球运动的特点是高强度、高速度、高对抗,并且要具备好的心理素质,要求运动员能力全面。投篮命中率是一个队取胜的关键所在,这就要求平时训练中比赛怎么投篮就怎么练,要贴近实战。在训练中就要加强投篮训练的强度和密度,结合心理训练,加强投篮出手速度和突然性的训练,加强有对抗和抗干扰情况下的投篮训练,只有适应以上的所有情况并能任何情况下稳定发挥才是掌握技术提高能力的根本所在。

(5)原地单人徒手动作练习和单人有球垂直向上投篮练习。

(6)每人一球对墙投篮,双人一组一球正面相距4—5米对投练习。

(7)每人一球近距离2—3米的投篮练习掌握后逐渐拉远到4—5米体会不同的协调发力。

(8)罚球线后定点投篮练习,每人一球自投自抢,排队循环练习训练或篮下设定1—2人专门捡球后传给投篮人,到队尾排队循环投篮。

(9)半场中距离移动接球或运球急停投篮。一般可在罚球线中间点和罚球线左右两侧,或与篮筐成45°—0°角固定点位进行变化位置的投篮练习,篮下有2—3人捡球。

(10)半场远距离投篮练习:在较好、较全面掌握投篮各种技术的基础上,加强远距离投射能力和快速移动后接球投篮能力,采用半场三分线外各种投篮点位的练习。0°—45°—90°—45°—0°,可先从一个点位开始练习,熟练后再增加多点位投篮练习。

(11)行进间投篮训练:可以用半场或全场传接球和运球结合,按一定的移动线路进行练习,可以半场左右侧45°上篮,全场运球或传接球上篮,2—3人的全场跑动传接球上篮。

(12)位置投篮训练:结合场上自己的位置分工进行专项位置投篮训练,例如,中锋篮下中近距离的投篮技术练习,前锋0°—45°的空切溜底线、接球、运球、急停跳投等投篮练习,后卫正面45°—90°—45°之间各种投篮训练以及突破后的跳投、抛投等技术。

四、持球突破技术

指持球人通过脚步移动和运球相结合迅速突破防守人防守位置的技术。在比赛中,进攻方队员在接到同伴传球后一般采用观察对手位置,结合其他的假动作迷惑对手,突然使用同侧或异侧蹬跨步加速运球超越对手,形成位置差,从而取得进攻的主动权。

（一）持球突破技术的技术动作分析

每一项技术是由若干技术环节组成，每个环节都是环环相扣，既有前后顺序，也有主次节奏的变化，存在着紧密的逻辑关系。

准备姿势：重心略低，脚跟提起，上体前倾，小腿与地面成一定夹角便于蹬地发力，球置于胸腹或更低，两肘略外展，平视对手。

跨步蹬地：重心下降，屈膝内扣，交叉步突破时移动脚内侧蹬地，身体重心前移同时跨出一步，中枢脚再用力蹬地，同侧步突破时跨步的同时中枢脚蹬地，跨步脚脚尖朝向突破方向。

转身探肩：跨步移动的同时向突破方向转身探肩，以肩领先，并用身体和非持球手臂的前伸来保护好球，加速向前运球移动。

突破时第一次运球：迅速将球放在前进方向跨步脚的前外侧，重心下降，球的高度一般不要超过膝关节高度。

运球加速前行：移动脚继续蹬地加速运球前行，超越对手。

（二）持球突破技术动作方法

1. 原地持球交叉步突破

以左侧突破为例，在防守人距离持球人较近时，持球人将球放置于胸腹之间的高度，以准备姿势的方法站立，但身体重心偏低一些，身体可以先向右侧做突破假动作，右脚脚内侧蹬地的同时身体重心移动到左腿上，右腿向左前方跨出一大步，身体向左前转体探肩，以肩领先，右臂向前抬起，球置于身体左侧，保护好球，左手将球放置于右腿的左前侧，左腿和右腿先后继续加速蹬地运球前行，超越对手。（如图 4-36 所示，箭头指示运动轨迹方向）

图 4-36　原地持球交叉步突破

2. 同侧步突破

也叫顺步突破，以向左突破为例，准备姿势稍低一点，两脚开度比肩略宽，屈膝降低身体重心，持球于胸腹之间，右腿前脚掌内侧迅速有力蹬地，重心向左前方移动的同时，左脚向左前方跨出一步，基本与防守人平行，脚尖指向突破方向，身体向左转身探肩，以肩领先，右手臂向前抬起护球，左手将球拍按于左腿的前外侧，右脚蹬离地面后迅速向前迈出第二步，继续运球加速突破防守。（如图 4-37 所示，箭头指示运动轨迹方向）

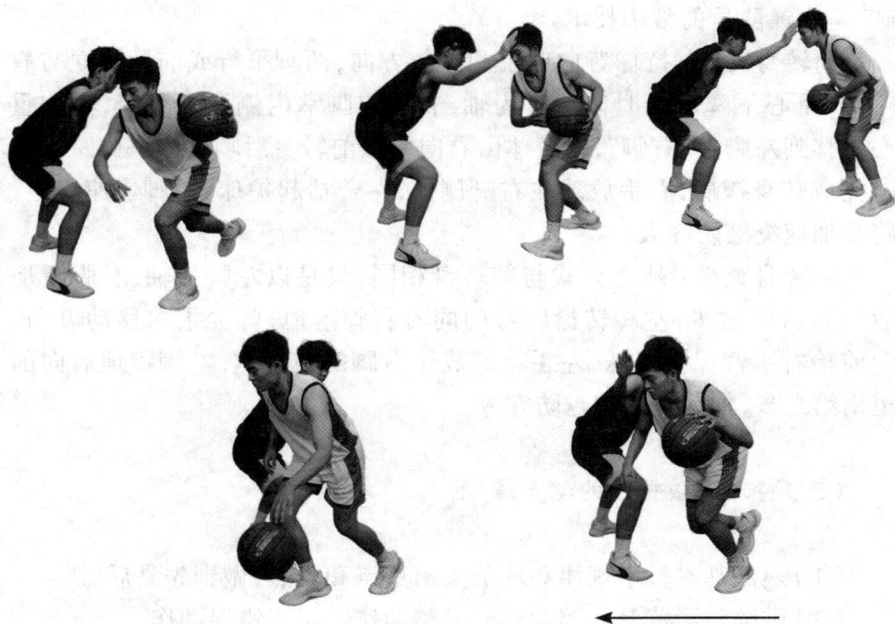

图 4-37 同侧步突破

3. 跳步、跨步急停持球突破(一步、两步急停持球突破)

指进攻队员在跑动中利用跳步或跨步急停来改变自己与防守队员之间的位置,形成位置差,从而形成有利的局面,采用持球突破的技术来超越防守人的一种方法。

跳步急停突破:在移动过程中,运动员采用跳步急停(一步急停)摆脱对手,运动员在接球时手臂前伸,一只脚蹬地向前侧方跳起的同时完成接球,双脚同时落地完成急停,屈膝降低重心,内收膝关节,脚尖略内扣,保持好身体平衡,同时保护好球,可以使用同侧步或异侧步加速运球超越对手。

跨步急停突破(两步急停突破):除了接球时采用跨步(两步)急停外,其他与跳步急停突破技术相同。

4. 转身持球突破

一般是持球人背对防守人和进攻方向,接球后向前向后转身运球突破,是中锋队员的常用技术。

前转身突破:持球背向对手和进攻方向,两脚平行或前后开立与肩略宽,重心下降转身时以左脚为轴,右脚前脚掌内侧发力蹬跨,身体重心左移到左脚上,右脚蹬跨身体由右向左做前转身后顺势向一侧跨步同时完成转身探肩,右手放球在右脚侧前,左臂抬起护球,左脚快速蹬地,跨步加速突破防守人。

后转身突破:站立方式与前转身相同,只是以左脚为轴,右脚蹬地后向右后侧撤步,左脚转捻转身的同时右脚落地,脚尖指向移动方向,向前抬右手臂保护好球,左手将球放于右脚的前内侧,左脚蹬地后向前迈出第二步,加速运球超越防守人。

(三)持球突破技术的学与练

(1)遵循基本教学规律和环节突出重点和难点,做到先易后难。

(2)讲解—示范—分解动作—完整动作—纠正错误动作。

(3)先讲交叉突破再讲同侧步突破。

(4)重点是跨步—放球—护球—加速。

(5)身体重心的控制、低、稳。

(6)蹬跨步、用力、加速。

(7)转身探肩,非持球手臂前抬护好球。

(8)徒手模仿蹬、转、跨技术。

(9)徒手模仿完整动作。

(10)每人一球原地分解练习。

(11)每人一球原地完整动作练习。

(12)以标志杆标志桶为假想防守人的持球突破练习。

(13)一个防守人在半场右侧45°三分线外侧背向篮筐站立,持球人每人一球在离防守人正面4—5米处排成1队,先将球传给防守人并移动到防守人面前再接防守队员回传球后,采用持球突破的技术练习。(防守人原地只防一步)

(14)甲乙两队队员相距6—7米面对面成纵队站立,用1个篮球练习。开始时,甲队排头将篮球传给乙队排头后快速移动至乙队排头前并防守,乙队排头用持球突破的技术突破对手,并将球传给甲队第二排头后上前防守,甲队持球人持球突破后再传乙队第二人,依次类推。注意:

防守时只防一步；突破人只运两次球后马上传球。

（15）半场一对一接球后，运用跳步和跨步持球突破练习：设置一个固定传球人站在左半场45°三分线附近，在另外右侧的半场二人做接球后一对一的攻防练习，进攻人先将球传给传球人，然后采用摆脱后跳步和跨步的方式接传球人的传球后使用各种持球突破的方法练习。防守队员可以采取先消极后积极的方式防守。

（16）三人半场练习，熟悉后可采用各种方式灵活摆脱对手，并采取迎球接球的方式接传球人的传球，结合假动作利用持球突破或转身突破等突破技术运球超越防守人的练习。

五、抢篮板球技术

指攻防双方的运动员争抢进攻方未投进篮筐的球的所有权而进行的拼抢球权的技术。投篮一方抢到球权称之为前场篮板球，防守一方抢到球权称之为后场篮板球。篮板球是篮球比赛中的命根子，更突显了其自身的重要性。有了前后场篮板球可以增加本队的控球权，提高攻防转换的速度，增加进攻的次数，增强投篮队员和全队攻守的自信心，同时给予对方投篮队员强大的心理压力，从而影响到对手的投篮命中率，减少对手二次进攻的机会，同时转守为攻，为本队发动快攻创造有利条件，在比赛中形成主动。

（一）抢篮板球技术的技术动作分析

1. 观察判断篮板球规律和落点

了解球的运行规律是准确判断球落点的关键，也是抢篮板球的重要前提。首先运动员要了解投篮距离、力量、弧线与反弹落地的关系。一般来讲，投篮距离越远越要用力，球的反弹就越远，同样的距离，弧线高与低与反弹的近与远也高度相关，高弧度的投篮反弹弧度也高。在比赛中，运动员要具备较好的观察视野，在对球的落点位置进行判断分析的基础上，根据人球位置和球的反弹时机采取合理的行动，为争抢篮板球创造有利条件。

2. 抢位

无论是抢前场还是抢后场篮板球,都需要抢占有利的位置,即防守人与篮球之间的有利位置。抢前场篮板球时力争抢在防守人身前的位置,在抢后场篮板球时要力争将进攻队员挡在自己的身后,要判断好球的落点,快速移动,抢占有利位置。

3. 起跳动作

制空能力是争抢篮板球的关键,而起跳是制空能力的关键。不管是抢进攻篮板球还是抢防守篮板球,腾空高度是基本要素,而蹬地起跳的屈膝、摆臂、蹬伸、空间控制是最重要的。一般抢防守篮板球多采用双腿起跳为主,有上步、跨步等,抢进攻篮板球时多用行进间的单脚起跳和跨步双腿起跳的方法。

4. 抢球动作

单手抢球:单手控制范围大,可利用展体和进球侧手臂的伸展快速触球,手指触球后屈腕、屈指、屈臂将球收到胸前,另一手注意保护球,或单手抢到球后,拉回胸前时变成双手持球。

双手抢球:它比单手抢球更稳固,不易脱手,且容易与其他技术衔接使用。但是控制范围比单手要小,触球点更低,抢球时身体和双手臂充分伸展,指端触球后迅速用力握住球,将球拉向胸腹部或头上部位,肘关节外展,保护好球。

单手点拨抢球:在抢球处于被动或对手身材高大时常用的一种方式,与单手抢篮板球的动作相似,主要以手指手腕为主,采用弹拨球的动作将球直接拨给同伴或弹拨到有利于自己抢球的位置上再进行二次抢球。

5. 抢到球后的动作

在保护好球的同时做好和其他技术的衔接。如果是抢到前场篮板球,可以直接采用补篮二次进攻的方式直接进攻,也可以采用运球移动或传球给同伴重新组织半场进攻。如果是抢到后场防守篮板球,则第一时间由远而近观察场上其他同伴的位置,将球传给位置最好的队友,并发动快攻。如果没有机会,可以采用半转身落地,将球传给接应的队员。

（二）抢篮板球技术动作方法

1. 前场篮板球

一般是指在抢篮板球时进攻队员处于防守队员的外侧或身后的被动位置,当本方队员投篮后,判断好球的反弹方向及落点,利用变向和假动作绕挤到防守人的面前,采用单脚起跳或双脚起跳的方式抢球,并完成补篮,没有机会也可以重新组织半场进攻。（如图 4-38 所示,箭头指示运动轨迹方向）

图 4-38　前场篮板球

2.后场篮板球

抢防守篮板球要求每个人都要把自己的对手挡在外侧,以便占据主动位置,一般分为两种,即主动转身挡人和被动不转身只挡人。

主动转身挡人抢篮板球:防守者根据与被防守人之间的距离,合理运用上步、撤步、后转身将对手封挡在身后,防守投篮的运动员则用手触摸对方躯干,转身后臀部贴碰对方的身体,从而感知对方的身体移动位置,便于调整自己封堵的角度,两臂外展增加封堵的面积,主动紧逼封卡投手。在弱侧防守时,由于防守队员与进攻队员之间有一定距离,防守者要先迅速接近或者迫近进攻队员,然后再转身挡人抢篮板球。(如图4-39所示)

图 4-39　主动转身挡人抢篮板球

被动不转身只挡人抢篮板球：如果遇到对方抢篮板球能力很强或者身高优势明显、弹跳力好的运动员，也可以采用面对面只卡位不转身的防守，来破坏对手抢篮板球的机会。

（三）抢篮板球技术的学与练

（1）讲解示范完整动作练习、分解动作练习、纠正错误动作。

（2）徒手模仿练习。

（3）慢跑中单腿起跳单手抢篮板球的模仿练习。

（4）双腿起跳双手抢篮板球的模仿练习。

（5）每人一球单手和双手引球至最高点，做迅速抢球屈肘屈指屈腕的练习。

（6）每人一球自抛自抢练习。

（7）每人一球抛向篮板，单双手自抢篮板球练习。

（8）一对一转身卡位挡人练习。

（9）每人一球抛向墙后迅速跳起，单双手抢球练习。

（10）两人一组一球站在篮圈两侧，分别起跳后在空中完成接球、碰板传给同伴的练习。

（11）三人一组，一人持球通过篮板反弹，另外两人一攻一守争抢篮板球练习。

（12）两人一组，一人定点投篮、一人防守，投篮后迅速冲抢前场篮板球，防守人设法卡位挡人的练习。

（13）半场二对二、三对三的抢位挡人练习。

（14）半场二对二、三对三在对抗条件下进行冲抢进攻和防守篮板球的练习。

（15）半场五对五投抢训练，防守一方抢到 5 个篮板球后攻守交换。

（16）抢前场篮板球与二次补篮的练习。

（17）抢后场篮板球结合发动快攻的练习。

六、个人防守技术

个人防守技术是指防守队员运用各种防守技术动作，根据进攻人所处不同的位置和方式（有球和无球），所采用破坏和阻扰对方进攻的专门技术动作的总称。

防守技术从篮球运动发展到现在，在进攻的影响下防守技术不断变化，从过去简单的防守篮下到今天的每个角落的争夺，防守的攻击性、主动性得到了空前的提高，防守是一个球队水平的主要标志，想赢球靠防守已经成为一个共识，因此加强队员的防守意识、提高防守能力受到专业人士的普遍重视。

个人防守技术主要分为防有球和防无球技术两大类，其中防有球技术包括防投、防突、防传、防运；防无球主要包括防各种方向的切入和防溜底线。

（一）个人防守技术的技术动作分析

1. 脚步移动动作

在比赛中防守运动员采用变化多样的脚步移动步法来抢占有利的防守位置是防守技术的基础。一般是根据场上的位置情况采用低重心、快频率，以滑步、交叉步、后撤步、攻击步、侧身跑、后退跑、急停、起跳等技术为基础，根据需要灵活多变地组合使用。

2. 上肢移动动作

指依靠手臂的挥动来干扰破坏对方进攻为目的的技术动作。在防守中,手臂技术的运用主要体现在抢打断球、封盖、拦截、拍击、点拨、防守当中手臂的伸展与挥动等技术动作中。

(二)个人防守技术动作方法

个人防守中防守的意识、防守技术动作的协调配合、防守的位置和距离的选择以及人球兼顾的理念和视野构成了防守的核心要素。

1. 防无球技术

（1）基本要求与方法

比赛当中进攻方只有一人持球、四人无球,很多进攻的机会都是由无球队员积极移动获得的,加强对无球队员的防守,是限制对方进攻的主要手段。

基本要求:做到人球兼顾、抢占有利位置;堵截和封堵接球移动线路;控制对手的移动范围,干扰破坏对方的进攻。

基本方法:为了在连续移动中更好的争夺球权,须熟练掌握运用多种防守的步法,结合手臂动作的娴熟运用,确保上下肢动作协调一致。身体姿势保持较低的重心,快速的变向移动。防守队员根据对手、球和强弱侧的区域不同,占据不同的防守位置,与防守人的位置一般选择形成锐角三角形,依据"球—我—他"的站位,结合防守人的距离远近,按照进球紧远球松,强侧紧以防接球为主,站位偏向有球一侧,弱侧松动回收,在合理的范围内控制对手。

（2）技术应用

防接球:在防守中根据进攻队员的移动情况随时调整自己的防守位置,保持对手和球始终在自己的视线范围之内,保持好的防守姿势和移动,离球进侧的同手同脚挡在对方的传球线路上,然后在不断的移动中保持好"球—我—他"的锐角三角形态势。

防溜底线:当进攻方无球队员采用低位接近于零度角从场地的右

侧向左侧底角横穿的方式叫作溜底线。在防守时,根据情况可采用面向和背向防守人防守的方式,背向防守人防守时,应保持身体和手部触碰对手,进而判断对手的移动意图,以便于跟随防守,封堵其接球。面向防守人防守时,做到人球兼顾,头和眼睛转向既能观察到自己防守人的移动,也能看到持球人的角度,运用快速的滑步和手部移动,迅速跟防和干扰破坏对方接球。当移动到看不到球的角度时,快速向有球一侧转头继续跟防。

防横向切入:防守人要以防人为主做到人球兼顾,发现对手有横切的意图时,主动面向防守人堵前防守,目的是切断对手的切入线路,使其被迫远离球移动。进攻者背向球在弱侧移动时,防守人在进攻人后侧跟防。

防纵向切入:纵切是指对手从有球一侧向篮下直接纵向切入,目的是接球后在篮下直接得分,威胁较大,防守人利用综合防守技术力争截断其移动方向和路线,通过卡、堵、封、挡的方式迫使其改变方向,使其失去第一次进攻机会,延误进攻时间,形成被动局面。

防摆脱:进攻队员想尽一切办法摆脱防守队员获得持球的机会,防守队员要靠积极跟防、追防、堵截来阻碍对方的位置摆脱,努力在对抗中占据主动位置,在防守对方内线队员时可采用绕步、抢前防守、干扰对方接球,同时注意紧贴对方身体,防止其转身、背切形成位置差。防摆脱的核心要义是不让对手在有威胁的区域占据有利的位置,阻止其轻易地接到球。

2. 防有球技术

(1)基本要求与方法

在比赛中,持球队员对防守方威胁最大,防守队员要防其运球、投篮、传球,同时要从防无球状态迅速调整为防有球的位置和距离,在防守不失位的情况下,积极干扰封堵对方,看准时机使用抢打断等技术,主动使用攻击性防守技术,以便于从被动防守转为主动防守。

基本要求:防守位置选择在持球队员和篮筐之间,位置偏向于场地中间,采用堵一边防一边的站位,身体重心在两腿之间,保持中低位的防守姿势和灵活的防守步法,防守既要封盖其投篮传球,又要防其突破运球,所以需要灵活多变的脚步动作和手臂封阻打断技术。在防守中有意识地在场角及中场附近逼停运球的对手,同时要做好与同伴的协同防守(关门夹击)。

基本方法:主要指的是防守距离、位置和基本姿势。

(2)技术应用

防运球突破:防运球时防球人多用撤步和滑步,不要轻易去打球,容易造成犯规和身体失去重心。在对手变向变速突破自己防守时,应采取后撤步、滑步、交叉步等防守步法向侧后方位移,占据好的防守位置,控制好自身的平衡,保持好适度的防守距离。利用灵活多变的步法进行阻截干扰,在防守中要有侧重点,防堵对方的强侧手运球,被迫使其换成弱侧手运球,另外也可采取堵中路放边路的方式,不让其从中路运球突破,诱使对方沿边路运球,从而跑动更长的路线和距离,利用边线形成夹击的机会。

防投篮:防守人利用封盖干扰投篮人的出手角度,影响球的飞行弧线,从而降低投篮命中率。要求防守运动员做到不让对方在自己熟悉的位置上投篮,及时调整防守位置做到球到人到,一只手臂伸起挥动,干扰其投篮,另一只手臂在身体的另一侧,干扰对方突破或传球。要识别对方投篮的假动作,对方投篮时及时起跳,伸臂干扰,也可采用假动作迷惑对方,影响对方的投篮节奏。在无法阻碍对方投篮动作时,也可采用影响对方投篮视线的方法干扰对方投篮。

防传球:在防守时根据不同的情况,干扰破坏对方的传球,从而破坏对方的进攻节奏,延误或影响最有利的进攻机会。防守人首先要选择好位置,调整好重心,挥动手臂干扰封堵对方的传球,特别是纵向的、内线的渗透性传球,尽量减少对方传球的攻击性(迫使对方做转移性传球)。在遇到对方距离篮筐较远的位置停球时上前逼抢,主要以封防传球为主。

3.抢打断技术

抢打断是积极、主动、攻击性较强的防守技术,可以最大限度地干扰有球队员的进攻节奏,是防守反击的必要条件。

(1)抢球

指用单手或双手将球从进攻队员的手中抢走。抢球时一般用在持球人刚拿到球权未能保护好球或将球暴露在外时,采用攻击步突然靠近

对手,在球暴露出的瞬间,迅速用单手或双手抓住球,利用手臂的弯曲收拉和转体的动作将球权夺取。(如图4-40所示)

图4-40 抢球

(2)打球

指直接将对方手中的球通过下切、上挑和横打的方式从对方手中击落。

打持球人的球:当持球人双手持球高于腹部的时候,一般采用上挑式击球方式将球打落,即攻击步突然靠近对手,手心向上,伸臂五指并拢,当手臂伸到球的下方时,采用自下而上的方法挥臂击球。(如图4-41所示)

图 4-41　上挑式自下而上打球

　　当进攻队员持球于腹部以下较低部位时,可采用切击式自上而下将球击落,也是先通过攻击步逼近对手,手心向下,手指并拢,伸臂到球的正上方,向下挥臂,击球的上部将球打落。(如图 4-42 所示)

　　打运球人的球:利用运球队员运球时手和球分离后到下次接触这段时间对球进行拦击将球打掉。例如,进攻球员从防守者的右侧运球时,防守人向右侧滑步,左臂阻挡运球运动员的右侧,右臂伸出在运动员的膝前,当运球人左手与球分离后,上步伸臂将从地面弹起的球打掉。

图 4-42　切击式自上而下打球

　　打行进间上篮时起步的球：在进攻队员上篮时，防守人跟随持球人跨出第一步时，防守人上步靠近，跨出第二步上篮时，防守人快速伸臂，利用手腕手指的力量将球自上而下打落。（如图 4-43 所示）

图 4-43　打行进间上篮时起步的球

　　盖帽：在持球队员运球上篮或投篮时，球刚离手处于上升期，防守人起跳打落该球，称为盖帽。运用时要选择时机，垂直起跳，身体伸展，手臂上伸，在球的上升期将球打落，击球时要短促有力，避免盖帽时手臂过分下压，产生犯规。（如图 4-44 所示，箭头指示运动轨迹方向）

图 4-44　盖帽

（3）断球

断球是在进攻方传导球的过程中，防守人通过迅速移动，抢在接球人前对进攻人的传球进行抢夺和破坏。分为横断球和纵断球两种。

横断球：指防守者从接球人的侧面断球。首先防守者要预判对手的传球意图，然后当对手传球的时候，迅速移动，用单脚或双脚起跳，身体手臂向前伸展，用单手或双手将球截断。（如图 4-45 所示，箭头指示运动轨迹方向）

图 4-45　横断球

纵断球:指防守者从接球人的侧后方移动绕前跃出,抢夺对方传球的方法。防守人在接球人的后方观察判断来球,从防守人的右侧跨步绕过对手,采用单脚或双脚蹬地向前跳起,身体前倾伸展,手臂前伸将球截断。(如图4-46所示,箭头指示运动轨迹方向)

图4-46　纵断球

(三)个人防守技术的学与练

(1)防有球练习:原地防守动作的练习,主要是防突、防投、防传。

(2)防有球练习:听信号,变化防守动作。

(3)防有球练习:两人一组,一人随机做传投突,另外一人做相应的防守动作。

(4)防有球练习:两人一组一球,原地抢球、打球练习(一人原地持球于腹前和胸前,另一人练习抢打)。

(5)防有球练习:两人一组一球,一人原地运球,一人伺机上步抢打破坏。

（6）防摆脱练习：两人一组，一人沿边线左右移动摆脱（消极），一人移动跟防。

（7）防摆脱练习：两人一组，一人沿边线左右移动摆脱（积极），一人移动跟防。

（8）两人一组防溜底练习，进攻人从场地右侧低位向场地的左侧低位徒手移动，防守人采用跟防（面向对手和背向对手）。

（9）两人一组，强侧防无球和防有球站位及防守动作练习。

（10）三人进攻、三人防守，根据强侧弱侧、威胁大小选择防守的位置和防守技术动作的练习。

（11）两人一组，45°防空切和反跑的练习。

（12）五传四抢，五人围成一圈传球，四人在中间围抢，伺机在抢打断成功后，与传球失误人交换位置，继续练习。

（13）两人一组一球，全场直线和曲线的防运球练习（消极运球，积极防守）。

（14）两人一组一球，全场直线和曲线的防运球练习（积极运球突破，积极防守）。

（15）二分之一半场一对一的攻防练习。

（16）半场二对二的攻防练习。

（17）半场三对三的攻防练习。

（18）全场的一对一到五对五的攻防练习。

（19）在防守当中树立信心，要积极主动、有攻击性地防守和限制对方。

（20）防守位置选择要准确，从防无球到防有球，防强侧和弱侧的变化。

（21）在教学中先教单个技术，再教复合技术，防守时要敢于迫近对手，给进攻人施加压力，培养勇猛顽强的作风。

第四节　篮球运动技术教学改革与创新

　　随着现代篮球理念更新迭代,新的篮球技术也在不断产生。在教学领域,任何一项运动技术的教学都离不开教学理念的影响,对于篮球运动技术教学的创新,一方面是要结合现代教学的需求变化进行技术的创新,同时要在原有的技术基础上形成新的发展。篮球技术经过一百多年的发展,已经形成了较为成熟的技术体系,因此在篮球运动技术教学中,更多的是采用再创造的形式进行改革创新。教学改革与创新的最终目标是要学生通过篮球课程的学习,能够更全面、更熟练地运用篮球技术,从而能够掌握篮球运动技能。因此,篮球运动技术教学的改革与创新是指作为现代篮球教育工作者、教练员或者科研人员能够从篮球技术本身出发,结合教学的实际情况,在原有篮球技术教学的基础上,通过对原有的技术进行再加工和重新组合,使得新的篮球技术更符合教学的需要、符合比赛的需要,能够很好的应用到实战当中。

一、基于体育教学目标的调整,转变篮球技术教学的理念

　　新时代背景下,深化体教融合,充分发挥学校体育工作的立德树人作用,通过体育教学工作的开展实现"享受乐趣,增强体质,健全人格,锤炼意志"四位一体的目标。传统的体育课更加强调学生单个技术的学习和掌握情况,且学生个体能力和对技术的掌握程度存在较大差异,如何把技术的学习融入到所有学生学习的全过程,让所有的学生都能通过篮球技能的学习感受到篮球自身的魅力,从而发自内心地喜爱篮球、享受篮球,这就需要篮球教师和教练员,转变教学的观念,让学生从感受篮球开始走进篮球技术的学习,既要掌握技术,又不要过于强调技术,调动学生学习篮球技术的主观能动性,形成一种主动学习的态势,从而更有利于篮球技术的教学和能力的掌握。

二、把握学生运动技能学习的规律，合理安排教学内容和教学进度

运动技能的学习分 3 个阶段，在感知阶段，学生要通过观看教师或者视频资料的完整动作示范，建立一个对动作的清晰表象从而感知动作；在分解阶段，需要将篮球运动的技术进行细化和分解，向学生讲述每一个分解动作上动作结构的先后顺序、身体的发力顺序、每一个动作细节与下一个动作之间的衔接；后续通过增加篮球技术的训练次数和训练量而使得学生形成动作的肌肉记忆，再通过比赛的实战演练，不断发现动作技术学习中的问题，针对性的进行强化，最后进入动作学习的自动化阶段。教师在开展教学过程中，要把握好学生运动技能学习的规律，根据学生的学习进度进行差异化教学，合理安排学生课上学习的内容和学习的进度，不要为了完成教学任务而教学。教师可以探索在常规教学时间内，划分专门的时间留给有不同学习需求的学生，结合学生的学习兴趣或者学生学习中的困难进行差异化教学，保证所有的学生都能学有所获，真正实现学生"学会"一项运动技能的体育教学目标。

三、采用多样化教学手段，创新篮球技术训练的新方法

训练是强化篮球技术的必要保障，在日常教学当中，常见的篮球训练方法有：重复训练法，通过同一运动负荷和相同的间歇时间多次练习某种动作来巩固篮球技术，在练习篮球的连续投篮、传球等技术中运用较多；循环训练法，就是把多个训练项目设计成若干个站，学生通过一站一站的循环练习，主要用于练习不同技术之间的衔接；变换训练法，改变训练的环境、速度、动作组合等；比赛训练法，通过以赛代练的形式调动学生训练的积极性，提高运动员的技术运用能力；心理训练法，提高运动员的心理素质和抗压能力。

在此基础上，可以采用新的训练方法，如"8"字循环训练法，将各种训练方式组合运用，可以充分发挥各种训练方法的作用，提升队员的专项技术能力，减少因重复训练的枯燥降低训练的效果；游戏训练方法，将篮球专项技术的学习和训练与篮球游戏相结合，打破传统篮球训练的束缚，设计丰富的游戏内容，在游戏过程中加强引导，注意增加游戏的

对抗性、竞争性和趣味性，从而达到最佳的训练效果。教师在篮球运动技术教学当中，要通过多样的教学手段，采用一些新的训练方法，主要目的在于调动学生训练的主观能动性，在训练当中找到训练的乐趣，对于学生运动技能的提升具有重要的影响。

四、创新篮球技术教学考核评价方式，全方位评价学生运动技能掌握情况

篮球运动技术考核在很大程度上反映了学生学习的效果，但在实际教学中学生个体性差异较为明显，不同学生对于运动技能的掌握速度略有差异，如果采用单一的评价手段可能会导致学生丧失对篮球技能学习的兴趣，且教学与篮球运动比赛相脱节，更难以实现通过体育教学培养学生享受运动乐趣和增强体质的目标。未来在篮球技术的考核过程中，除了教师的技术评价外，可以增加学生的自我评价，使学生更全面了解自己，引导教师客观全面评价学生。同时教师要对学生实施个体的纵向评价，要在学习之初对学生篮球运动技术的基础进行摸底排查，将学生学习技术的进步程度作为一项评价指标，激励学生主动学习。教师可以将几种评价方式相结合，安排在不同阶段进行评价，从而能够客观评价学生的学习效果。

另外，教师对于运动技术的考核还可以采用比赛的技术统计形式来开展。因为在体育运动的学习过程中，任何一项运动技术的考核都是要通过实战来进行检验的，只有通过比赛学生才能感受到体育的魅力，才能知道自己所学的知识如何与实践相结合，从而做到在实际比赛当中灵活运用。这就要求教师在不同的技术教学阶段设计不同的比赛形式，使学生在比赛中能够将篮球运动技术学以致用，从而更全面地评价学生对于运动技能的掌握情况，也能与教学之间形成一种良性的互动和反馈机制。

第五章

篮球运动战术教学与创新

篮球运动战术的运用是否合理、得当决定着在篮球比赛中能否占据优势，也是高水平竞技比赛胜负的关键。本章将从篮球运动中关于战术教学的训练内容、教学方法和创新等方面展开分析与研究，主要包括篮球运动基本战术概述、篮球运动战术基础配合的攻与防、篮球运动快攻战术的攻与防、篮球运动全队战术配合的攻与防、篮球运动战术教学改革与创新五个方面的内容。

第一节　篮球运动基本战术概述

一、概念

战术就是在比赛中攻守双方的运动员根据自己和对方的实际情况，基于统一的战术指导思想和战术意识，以篮球技术作为基础而采取的有组织、有策略的攻守布阵行动。它是进攻和防守时队员的落位、传接球移动路线、攻击的地点、防守的区域、侧重点的防区和一些破坏对方战术时的一种特定的组织形式和组织方法。

合理的战术组织和运用，能够让队员在比赛中发挥出各自的优势，有效抑制对手的发挥是一个球队制胜的关键法宝。球队中每个球员的打法和特点都不尽相同，战术是比赛的指挥棒，合理设计战术、充分调动每个运动员的主观能动性，能够帮助球员扬长避短，体现出了球队的特点和风格。

二、战术特征

（一）战术攻防的整体性和队员个体的有机融合

比赛中阵型、站法的部署呈现出统一性和整体性，在整体的战术安排下，进攻和防守的两端都是以集体的形式出现。场上五名队员位置不同、分工不同、身体素质和技术能力都不相同，在统一安排战术的时候，要充分考虑每个球员的优势和特点，将其纳入到整体的战术体系当中去，以便在战术当中能够体现出球员的个人价值。

（二）战术制定的针对性与使用的灵活性相统一

任何战术制定的最终目标都是为了创造投篮机会，争取得分，取得比赛的胜利。制定战术要以限制对手进攻为目的,根据战术部署有侧重地限制对方有特点的运动员和对方球队的打法,以及根据对方球队在实施战术中出现的防守漏洞,及时安排进攻,创造得分机会;同时在制定战术时更要结合本队球员的特点,制定适合自己的战术,根据对方战术的调整和变化,及时、灵活地改变战术,从而实现战术的针对性和灵活性的统一。

第二节　篮球运动战术基础配合的攻与防

篮球运动战术在篮球比赛中 2—3 名队员根据场上的攻守态势所采取的有目的、有计划的统一行动,它是局部的、小的战术组合,是篮球运动战术组成的基础,也是实现全队大战术目标的具体实现手段。

一、进攻战术基础配合

指 2—3 名进攻队员运用合理的进攻技术,通过组织的战术行动创造出有利的进攻、投篮的机会或形成以多打少的主动态势。常见的进攻战术基础配合有:传切配合、突分配合、掩护配合、策应配合。

(一)传切配合

传切配合是指进攻队员之间利用传球和跑动切入所完成的配合。传切包括一传一切和空切。切入队员要突然摆脱对手,可以配合假动作反向切入,并伸手示意同伴传球。传球人传球的技术选择使用要合理,传球动作要快,传球落点准确,弧线和速度适中。传球前可以做其他的攻击动作作为假动作,吸引对方防守人,起到牵制对手注意力的作用。传切多在区域扩大防守和联防中使用。

1. 一传一切

持球人将球传给同伴后,纵切或横切入篮下,再接同伴的回传球,完成投篮的配合方法。

如图 5-1 所示,⑨号队员持球先将球传给⑩号队员后,从左侧向篮下切入,接⑩的传球,⑨接到⑩的回传球后投篮完成进攻。

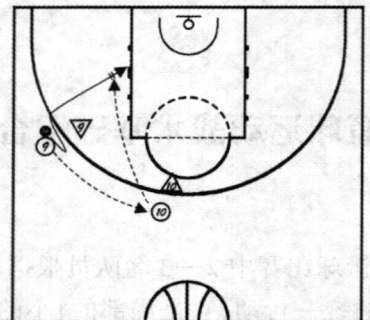

图 5-1　传切

2. 空切

空切是指无球队员根据场上的情况,摆脱防守人后纵切或横切入攻击区域,接同伴的传球进行攻击。

如图 5-2 所示,场上三名进攻队员,左中右站立,⑧号队员持球将球传给⑩号,⑨号从场地的左侧,摆脱后向篮下切入,接⑩号的传球,投篮完成进攻。

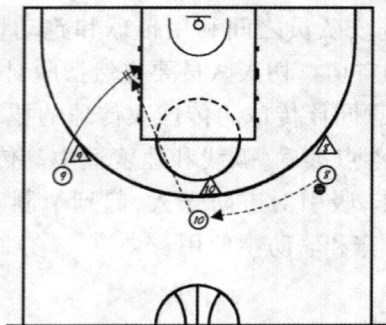

图 5-2　空切

（二）突分配合

突破分球是指有球队员利用持球和运球突破摆脱防守人时，防守方采用补防的方式进行协防，进攻方在局部形成多打少的局面，持球人迅速将球传给处在最有利进攻位置的同伴，并直接完成进攻或得分的一种方式。突破分球配合可以打乱对方的整体防守部署，使防守队员被迫协防，从而为其他同伴创造更好的进攻机会。多在半场人盯人防守或区域联防时使用。要求进攻方队员具有较好的突破和传球能力、良好的传球视线和与其他人适时跑动的接应能力。

如图 5-3 所示，⑩号队员持球从场地的正面偏左突破 ⚠ 号的防守，⑨ 向中路靠拢补防，⑨号从左侧插入篮下，同时接到⑩的突破分球后完成进攻。

图 5-3　突破配合

（三）掩护配合

掩护配合是篮球进攻常用的一种进攻基础配合，进攻队员根据场上队员的位置，采用合理的动作挡在同伴防守队员的移动路线上，使同伴借此摆脱防守队员，形成局部多打少或出现空位完成进攻。掩护要突然、准确地挡在防守人的移动线路上，两脚开立，两膝微曲，两臂屈肘，手置于胸前，躯干保持正直略前倾，掩护时掩护人和被掩护人擦肩而过，不给防守人从两人之间穿过继续防守的机会。当被掩护人摆脱防守时，掩护人应转身切入篮下，准备接球或抢篮板球，或拉到远端接应。掩护可以对有球人掩护,也可以对无球人掩护。根据掩护位置来分,可分为前掩护、后掩护和侧掩护,从运用情况来划分,可分为给有球人做掩护、给无球人做掩护、行进间运球掩护、交叉掩护、定位掩护、假掩护等。

1. 前掩护配合

指掩护人挡在同伴防守人的前面形成掩护面,挡住防守者的移动路线,使同伴摆脱防守获得进攻机会的一种掩护方式。前掩护通常是从高位到低位给同伴做掩护,掩护时掩护人跑到同伴防守人的前面,保持适当的距离,两脚开立,两膝微曲,上体前倾,两臂屈肘置于胸前,同伴摆脱防守后掩护人要及时转身跟进,准备抢篮板球和接回传球。

如图 5-4 所示,⑩号队员持球,中锋⑨号队员从圆弧的侧面禁区角向禁区的下腰移动,面对面挡在同伴防守人 ⑧ 身前,⑧号向后移动拉开位置差,接⑩号的传球,完成投篮。

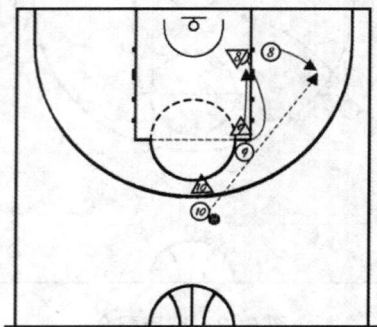

图 5-4　前掩护

2. 侧掩护配合

掩护人在同伴防守人的侧面形成掩护面,挡住防守队员的移动路线,使同伴摆脱防守获得进攻机会。此种掩护配合运用较多,常与反掩护或假掩护同时使用。

如图 5-5 所示,⑨号球员持球将球传给⑩号,⑨号移动到同伴防守人 ⑩ 的右侧形成侧掩护,⑩号利用掩护运球移动到篮下,完成进攻。⑨号转身向篮下跟进,准备抢篮板球。

图 5-5　侧掩护

3.后掩护配合

掩护人在同伴防守者的身后形成掩护面,挡住防守者的移动路线,使同伴摆脱防守获得进攻机会的一种方法。常常用在由内向外做掩护时使用,优点是不易被对手发现。

如图 5-6 所示,⑨号队员持球将球传给⑩号时,⑧号往篮下穿插突然上提到⑨号的防守人⑨身后做后掩护,⑨号从⑧号的右侧切入篮下,接⑩号的传球投篮。⑧号做完掩护后向篮筐方向转身切入抢篮板球。

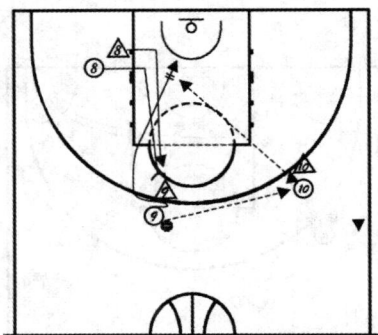

图 5-6　后掩护

(四)策应配合

指进攻队员移动到策应位置上采用背向或侧对篮筐的方向接球,是以策应人为枢纽,通过球的传导完成内应外合的一种进攻配合方法。策应配合应用的范围较广,在进攻半场人盯人和区域联防时经常使用。根据策应的位置不同,一般有低高两种策应位置,低策应位置一般是由内线高大的中锋与前锋的配合完成,高位策应一般是队内的二中锋或高大的前锋为策应队员,与外围队员形成的配合。

策应配合对策应队员要求较高,要求具有较强的攻击力、身高优势明显、场上视野开阔、传球意识要好、掌握多种传球技术和方法,还要求在策应位置具备投射能力,其他队员跑动接应时机合理,具备一定的突然性,接球技术好,攻击和得分能力强。策应队员要求穿插到策应位置要突然,快速抢占有利位置,两腿弯曲,两脚开立,两肘微屈,置球于胸前或头上,保护好球,采用转身跨步、假动作来调整策应的位置和朝向,在观察同伴移动的时候,注意抓住适当的时机传球给同伴或自己进攻。

如图5-7所示,⑩号队员持球,⑧号假动作下压后迅速横切到禁区的左侧腰部策应位置,背向篮筐站立,接⑩号队员的传球,接球后转身做佯装攻击动作,⑨从场地中路穿插到篮下,接⑧号的传球完成进攻。

如图5-8所示,⑩号队员在弧顶持球,佯装进攻,⑨号突然上提到罚球线以上的位置做策应,⑩号将球传给⑨号,⑧号队员从场地右侧突然移动至禁区附近,⑨号转身做投篮的假动作,将球传给穿插到了篮下的⑧号队员完成进攻。

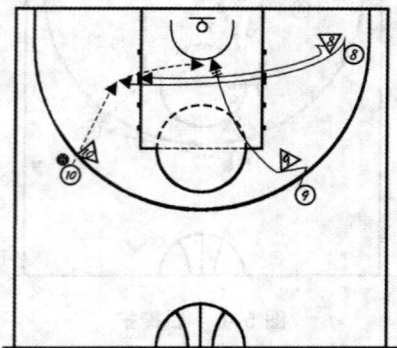

图5-7 低位策应配合

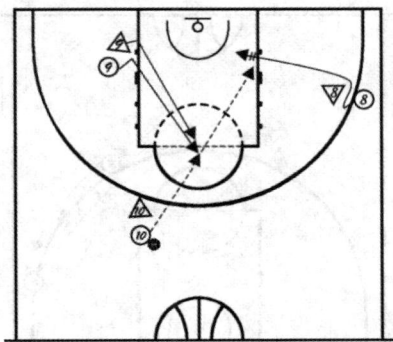

图 5-8　高位策应配合

二、防守战术基础配合

防守战术基础配合是防守战术体系当中的基础,是在局部区域内通过 2—3 名防守人之间的协同防守,达到破坏对方进攻配合的目的。防守战术基础配合的方式主要有挤过、穿过、绕过、交换防守人、夹击、"关门"、补防等配合。

（一）挤过配合

当进攻方采用掩护配合时,防守队员为破坏对方掩护配合采用抢上一步靠近自己的防守人,从掩护球员和被掩护球员之间抢步挤过,继续防守原来的防守人的一种方法。

如图 5-9 所示,⑨号队员持球将球传给⑩号,⑧号上提给⑨号做侧掩护,△8号提醒△9号"掩护",△9号发现⑧号的掩护意图,抢先一步堵住⑨号的切入路线,并紧贴⑨号,从⑧号和⑨号之间跨步挤过,继续防守⑨号。

图 5-9　挤过配合

（二）穿过配合

穿过配合也是防守掩护配合的一种方式，当进攻队员进行掩护配合时，防掩护的防守人及时提醒同伴"掩护"，并主动后撤拉大自己和掩护人之间的距离，便于让防守被掩护人的同伴从自己和掩护人之间的空档穿过后，继续防守原来的防守人。

如图 5-10 所示，⑨号队员持球将球传给⑩号，⑧号上提给⑨号做掩护，△8号提醒△9号"掩护"，同时在移动过程中注意保持和⑧的距离，便于△9穿过，△9号发现⑧号的掩护意图后向右后侧方撤步，同时迅速从△8号和⑧号之间穿过，继续追防⑨号。

（三）绕过配合

指在对方掩护配合时，防守队员要及时提醒同伴"掩护"，并主动紧贴自己的防守人，让被掩护人的防守同伴能够用最短的距离快速从自己身后绕过，继续跟防自己的防守人。

图 5-10　穿过配合

如图 5-11 所示，⑨号队员持球将球传给⑩号，⑧号上提给⑨号做掩护，△8号提醒△9号"掩护"，并尽量紧贴⑧号为△9号从身后穿过提供最好的位置条件，当掩护成型后⑨号从左侧向底线移动时△9号迅速向自己的右后方撤步，并从△8号身后侧绕过，继续追防⑨号。

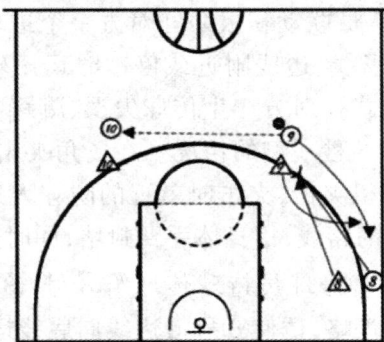

图 5-11　绕过配合

（四）交换防守人配合

指在进攻方进行掩护配合时，防守队员之间采用交换防守对手，即换防的一种防守配合方法。就是在防守中，防守队员移动的线路被阻无法采用跟防时，应及时交换防守人，达到不失位的防守效果。

如图 5-12 所示，⑨号队员持球将球传给⑩号，⑧号上提给⑨号做掩护，△8号提醒△9号"掩护"，并跟随⑧号移动到掩护位置，当⑨号下顺时，△9号被掩护住无法继续跟防，△8号同时下顺换防⑨号，△9号转体撤步,换防⑧号,继续防守。

图 5-12　交换防守人配合

（五）夹击配合

夹击是 2—3 个队员联动积极防守对方一个进攻队员的配合,夹击配合主要在场角、中场线、边线附近或停球时运用较多,通过积极主动带有攻击性的防守方式让对方产生传球失误、脚踩中线球回中场违例、脚踩边线出界违例和 5 秒违例的情况。在场角夹击迫使对方队员运球到场地的边角停球伺机夹击,夹击时就近的防守人进行补位协防,封堵抢断运球人将要传球的路线,用身体手臂封堵,同时避免犯规。

如图 5-13 所示,⑨号球员持球传球给⑧号,⑧号运球移动,⑧号采用堵中放边的防守策略,诱使⑧号沿边线向底线运球,⑩号突然向场地左侧场角移动,协助⑧号夹击⑩号,⑨号下撤到三秒区内,协防⑩和⑨,并准备抢断⑧号传给⑩和⑨的传球。

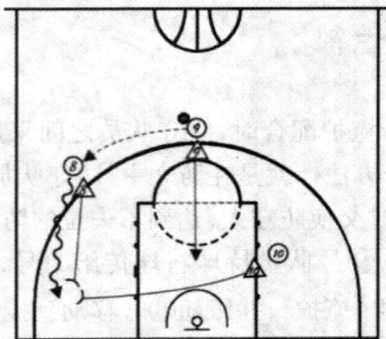

图 5-13　夹击配合

（六）"关门"配合

指当进攻队员运球突破时，防运球的防守人与临区的防守同伴靠拢，像门一样将突破队员挡在门外。它在联防战术中运用得较多，突然的关门可以造成突破队员的失误或违例。

如图5-14所示，⑩号队员持球将球传给⑨号，⑨号从右侧运球突破，⑧号向⑨号滑步靠拢，同时完成对⑨号的关门防守。

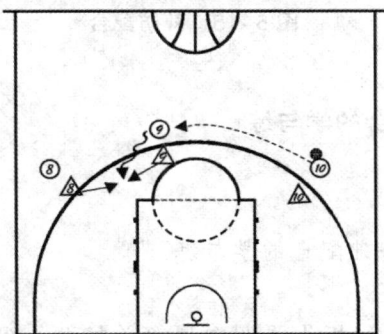

图5-14 "关门"配合

（七）补防配合

指防守进攻队员被突破时，临近的防守队员果断放弃自己的防守人，替同伴去防守威胁最大的对手，被突破的防守人及时回撤并换防。补防的要求是迅速及时果断，队员在场上除了对位防守自己的防守人外，还要为同伴补防和协防。

如图5-15所示，⑨号球员持球将球传给⑧号，⑧号沿右侧突破了⑧号的防守后向篮下运球移动，⑩号看到⑧形成威胁后，迅速向左移动补防⑧号，⑨号向右下移动协防⑩号，⑧号向中场的上方移动协防⑨号。

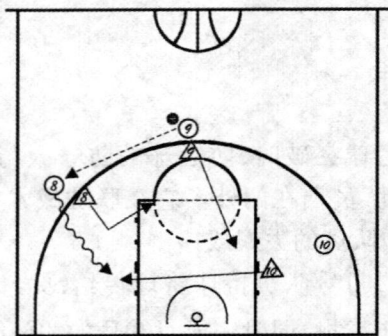

图 5-15　补防配合

三、基础战术配合的学与练

（一）进攻战术基础配合的学与练

（1）建议使用战术板先弄明白最简单的两人到三人战术的配合线路、配合方式、配合时机。

（2）实操练习从无防守队员到有防守队员、从消极防守到积极防守、速度由慢到快、按照走—慢跑—正常速度的顺序进行练习。

（3）战术训练先练无球再练有球，从固定配合再到配合的变化，注意灵活运用。

（4）与防守基础配合结合练习（消极防守），提高进攻配合的意识和实战能力。

（5）与防守基础配合结合练习（积极防守），提高实战进攻配合。

（6）与各种进攻配合的结合、灵活运用。

（7）提高队员的进攻意识和应变能力。

（二）防守战术基础配合的学与练

（1）首先通过战术板、多媒体画图等方式让学生明白防守基础配合的基本方法、线路和配合时机。

（2）练习固定套路防守的固定战术基础配合，在无进攻队员下进行练习。

（3）在有进攻队员消极进攻（慢速进攻）的情况下进行防守练习。

（4）提高学生在练习中的时机、节奏的把控，逐步提高防守的运用能力。

（5）积极防守情况下，防守基础配合的练习。

（6）与各种防守配合的结合、灵活运用。

（7）提高队员的防守意识和应变能力。

（8）与进攻战术基础配合结合实练，实战检验防守基础配合的运用能力。

第三节　篮球运动快攻战术的攻与防

一、快攻

（一）快攻的概念和作用

1. 概念

快攻是指防守一方获得球权后，由守转攻和在获得掷界外球球权时，利用防守方全队未能及时退回后场组织阵地防守阵型之前，或立足未稳之时，抓住瞬时战机，以最快的速度、最短的时间形成进攻人数以多打少或在位置上取得优势，果断发动快速合理攻击的一种进攻战术。

2. 作用

快攻是篮球比赛中的一种主要进攻战术，也是全队得分的重要手段。根据统计，一支球队 30% 的得分来自于快攻。快攻更符合现代篮球发展的特点，它能快速提振球队的进攻欲望和比赛的士气，增强队员的信心，提升球队在攻守两端转换的攻防意识和转换速度。

（二）快攻的分类、基本要求和阶段

1. 分类

快攻一般有篮板球快攻、掷界外球快攻、争跳球快攻和抢断球快攻四种组织形式，还有另外一种分法，可分为长传快攻、短传快攻、运球突破快攻、运球和传球快攻；从快攻的结构来看，长传快攻是由发动和结束两个阶段组成，其余的快攻都分为发动与接应、推进和结束三个阶段。这三个阶段在实战比赛当中，由于形式、区域、时机和位置等不同，演变出了多种不同的形式。

2. 基本要求

攻转守要快，接应人员要明确，全队可以采用固定的接应配合，保持基本快攻阵型和队形，投篮后注意跟抢篮板球，快攻结束迅速回防。

3. 快攻的三个阶段

发动与接应阶段：在运动员获得后场篮板球、后场掷界外球、抢断球等球权后，可视情况先选择长传快攻，如果没有机会再选择寻找接应队员，接应队员迅速摆脱防守接应一传。在看到同伴抢到球权后，接应队员应迅速摆脱防守人，接应同伴的一传传球。发动快攻的球队可采用固定接应和机动接应两种形式，可固定区域接应、固定人接应、固定接应人不固定区域，也可以将球传给最有利位置的不固定人员、不固定人员接应组织快攻等灵活多变的方式。发动与接应要有快攻意识，一传要快、准，队员快下要快。

推进阶段：这一阶段多在中场进行配合，它在快攻中起到承上启下的作用，具体组织形式可以分为运球推进、传球和运球结合推进、传球推进，其推进路线有中路、边路以及边中路结合推进，尽量避免横向传球，以免被断。根据防守人的位置和阵型，运用好长传、短传与运球突破相结合，在这个阶段中，队员要尽量散开，保持好前进当中的队形。

结束阶段：作为快攻的结束阶段，是最后一击，也是战术运用成败的关键。是运动员通过合理的跑位、传球、运球突破，形成局部的多打少局面。当出现投篮不中的情况时，运动员根据自己的位置可伺机争抢篮板、补篮或后撤防守。

（三）快攻的方法

1. 长传快攻

长传快攻多是指队员在后场获得球后，包括篮板球和抢断球，通过长传给快速移动到前场的队友，发现远端队友处于最有利、最有威胁的位置时，将球及时传出，这就要求传球人具备大局观、洞察场上情况变化的能力，具有好的长距离传球技术，应及时将球传到同伴手里。由于长传快攻只有发动和结束两个阶段，且这种快攻战术配合简单、速度快，因此是一种性价比较高的快速进攻战术。长传快攻在拿到篮板球的同时要求快下的同伴全速到达对方篮下，采用合理的跑动路线和侧身跑技术，既要观察防守人还要观察后场传球队员的球，以便于插到最好的位置，接球攻击对方篮筐得分。同时要求运动员移动速度要快，攻击能力要强，快下的运动员要有强烈的快下、向前的意识。

篮板球快攻：如图 5-16 所示，本方采用联防防守阵型，⑥和⑦看到或预判到⑩抢到篮板球时，采用侧身跑方式全速沿边线向对方的篮下快下，同时观察后场的传球，随时准备接球。后场⑩拿到后场篮板球后采用空中转体或落地后再转体观察到前场快下的⑥和⑦，采用长传球的方式，将球传给⑥和⑦，完成进攻。

掷界外球快攻：如图 5-17 所示，本队在后场掷界外球时，⑧到边线掷界外球，⑥、⑦、⑨号沿边路和中路全速快下，⑩从场地的左侧向右侧移动，接应⑧的传球，将球传给前场快下的运动员，完成进攻。

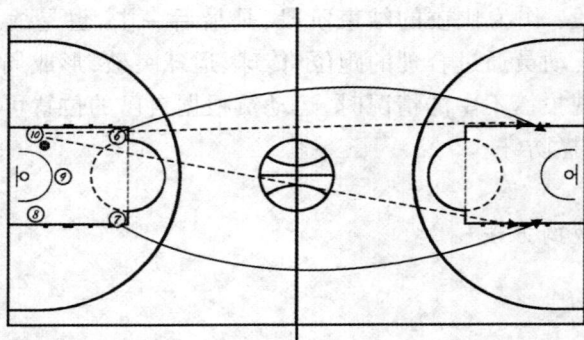

图 5-16　篮板球快攻

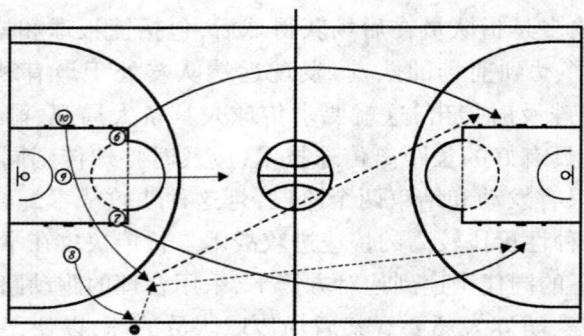

图 5-17　掷界外球快攻

2. 短传快攻

短传快攻一般指经过两次以上的快速传递或运球推进组织的快攻。特点就是传球次数多、中场参与推进的人数多、传球的角度多,变化也多,跟上的队员也多,队员行进的路线多采用大范围的穿插跑动,与传球、运球相结合,在快速移动的过程中带有节奏和速度的变化,扩大了攻击的面积,快攻效率得到提高,防守的难度增大。

三打二短传运球快攻:如图 5-18 所示,⑥和⑦看到⑨获得篮板球后,沿边线快下,⑩插向中路,接应⑨的一传,将球传给右侧快下当中的⑦,⑦再将球回传给中路的⑩继续快下,⑩接球后直线运球到前场,看到△6和△7为纵向防守阵型时,将球传给场地左侧的⑥,△7被迫向右侧上方移动上来防守⑥,⑦快速从左侧插到篮下接⑥的传球,完成进攻。

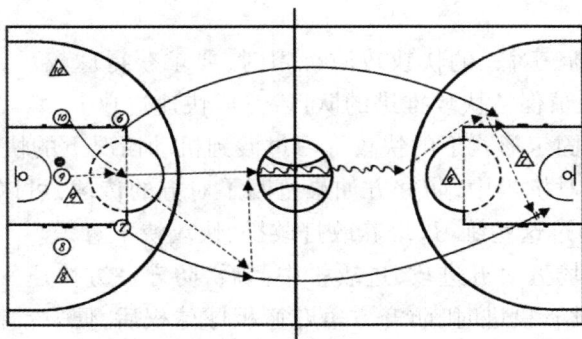

图 5-18　三打二短传运球快攻

（四）快攻战术的学与练

（1）快攻要求运动员具备较好的视野和传球的能力，在练习时，根据难点重点可以先练习长传快攻，再练习短传快攻，再与运球快攻相结合。

（2）练习时先易后难，可先在战术板上讲解战术运用的过程和要点，先练习快攻落位，可以采用慢跑的方式进行讲解和演练，边讲边练。

（3）给学生讲解二段式和三段式快攻的构成，先掌握快攻的发动与接应，再学习快攻的结束阶段，最后学习快攻的推进与全队的配合。

（4）短传快攻先练习一传与接应，然后再练习中路推进和结束阶段。在无防守情况下练习过渡到消极防守，最后是积极防守。快攻可以先从二打一、三打二、四打三、五打四开始，由易到难，从人数相等再过渡到少打多。可以多练习以三打二、二打一为基础，提高快攻战术的能力。

（5）在练习中要求运动员只传球不运球，培养他们快速穿插跑动和传接球的能力，减少盲目和无目的的运球，避免错过机会。

（6）训练快攻结束阶段同伴投篮后要快速跟进补篮或抢篮板球，加强队员的连续攻击意识。

（7）快攻练习当中要注重进攻的队列队形和队员的跑位，快下的运动员要习惯熟练使用侧身跑技术，加强长传接球技术的教学，确保人能跑得到位、能接得住球。

（8）练习跑位接球和进攻、跑位接球护球和进攻这几个技术的衔接要自然连贯。

（9）全场三对三的快攻攻防练习时,要求获得球权后,迅速接应和快下,三名队员保持快攻推进的队形,完成快速进攻。

（10）从固定形式下的快攻练习过渡到机动情况下的快攻练习。

（11）在对抗当中,防守方如果抢断了对方的传球,可以直接发动抢断球快攻,通过这些练习,培养敢打敢拼、快攻快下意识。

（12）半场五对五进攻,进攻投中篮后,防守一方快速发动底线球快攻;进攻方没有投进时,防守方争夺篮板球球权后,便发动篮板球快攻。如果进攻队投篮不中,抢得前场篮板球后,拥有球权,继续进行进攻。

（13）全队防守战术阵型的设计与安排要考虑到获得球权后的快攻战术的部署。

二、防守快攻

（一）防守快攻的概念

防快攻是防守战术的重要组成部分,是指攻守转换的瞬间运动员从思想意识观念上由进攻快速转入到防守,通过个人防御和协同配合来打乱对方进攻部署,延缓进攻速度,为本队进入阵地防守赢得宝贵时间的一种防守快攻战术。

防守快攻战术是一个有机的整体,在每个发动快攻的阶段都有针对性地部署,通过成功的防快攻战术,延缓对方的推进速度,同时依靠其他队员快速回防,快速的组织形成全队半场阵地防守,从而使对方进入由快攻转入阵地进攻,本方由防快攻转为全队阵地防守的态势。

（二）防守快攻的方法

减少本队的失误（投篮失误、传接球失误、运球失误等）,加强和提高前场篮板球的争抢,从而减少对方发动快攻的频次。

当对方获得快攻球权时,靠近持球队员的本方防守人需立刻上前,紧逼防守堵、截、封锁发动快攻的第一传,尽量延误对方第一传的速度,同时本队其他队员严密防守对方接应的队员,最好能够在快攻发动阶段就能阻碍和干扰对方的一传和接应。

可以采用紧逼夹击的方式切断接应队员和一传的联系,在防固定接应的防守时,可以采用先占据对方接应点的方式破坏对方一传和接应的联系。采用机动接应时,力争破坏对方任何一个队员的接应,必要时可以夹击接应队员,最好是迫使对方运球,从而延误对方快攻发动阶段的时间。其他队员迅速退防,防守快下的队员。防守队员应有意识地堵截中场,采取堵中放边的防守策略,避免对方长驱直入到有威胁的篮下腹地,尽量延缓对方进攻时间。退守时在后退中边退边观察,占领有利的防守位置和路线。

在快攻的推进和结束阶段,防守方始终注意篮下的保护,根据当时的位置和以及防守和进攻人员的数量比,做到人球兼顾,增加防守的主动性和攻击性,在少防多时,及时调整防守位置,防住最主要威胁的位置、人和球,灵活机智地运用防守假动作诱骗对方,达到延缓攻击的目的。

（三）防守快攻的学与练

（1）首先要把防守快攻的基本方法、基本要求讲清楚,做好示范,使学生对防守快攻有一个初步的了解。

（2）先进行分解教学,再进行完整动作教学,先从三个阶段分开教学开始,即对一传与接应、推进阶段、结束阶段。

（3）可以与快攻结合进行教学,先教快攻再教防守快攻,提高攻防的针对性,进而提高教学的效率。

（4）在教学中,加强少防多、补防、协防等防守技术配合的训练,提高防守的质量。

（5）在对方发动快攻时,注重少防多情况下的练习（基本的跑位、补防、协防、轮转）。

（6）加强五对五的防快攻训练,提高五人整体防守的能力和攻守转换速度、意识的训练。

（7）加强学生拼抢篮板球、攻守转换、防守快攻的意识和顽强拼搏的作风,在退防中,注意观察球和自己的防守人,做到人球兼顾,在同伴进行夹击配合时,其他队员应大胆地错位协防。

第四节　篮球运动全队战术配合的攻与防

一、半场人盯人防守与进攻半场人盯人防守

（一）半场人盯人防守

1.概念与特点

半场人盯人防守战术一般是指由攻转守时队员快速退防到自己的后场,在退防过程中,确认自己的防守人,每名队员都有明确的防守对象在后半场组织防守,是一种强调个人防守能力和同伴协同的集体防守配合的一种攻击性较强的防守战术。强调以人为主,人球兼顾。在篮球比赛防守中运用较多,是重要的防守战术之一。这种防守的好处是分工明确,在固定防守人的情况下,更容易尽快了解自己防守人的技术特点。

篮球战术演变过程当中,人盯人战术是出现最早的战术,攻击性较强,作为防守体系的基础,它能够较好地发挥个人防守能力与集体防守能力,更好地限制住进攻队的人与人、人与球的关系,凸显了以人为本的战术原则。

2.方法

根据防守的区域大小和对手的进攻能力可以适当扩大和缩小防区,因而产生了半场扩大人盯人防守和半场缩小人盯人防守两种战术。

（1）半场扩大人盯人防守

也被称为半场的四分之三防守,由于防守面积较大,可以有效防守对方的外围投篮,限制对方外线队员的战术配合,适合于防守以外线为

主组织进攻的球队。

一般来讲它的防守区域距离篮筐 8—10 米,防守重点在外线,封锁对方三分球的投篮和传球路线,破坏干扰对方内外进攻配合,适时通过组织夹击抢断球,制造快攻的机会。由于它的防区较大,内线防守较空虚,互补困难易丢人、漏人。

方法一:如图 5-19 所示,⑧号球员在中路持球,⑩、⑦、⑨分别在外线站位,⑥为中锋在左侧禁区腰上站位,⑧上前盯防持球人⑧,⑩回收保护篮下,⑥在⑥的侧前防守,防止⑥接球和上提,⑦和⑨分别盯守自己的防守人。

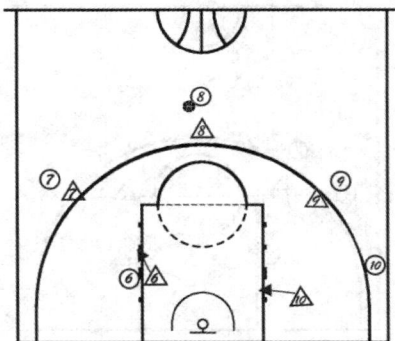

图 5-19　球在中后部位置的防守图

方法二:如图 5-20 所示,⑧号将球传给⑦号,⑦紧逼防守⑦号,⑧向⑦方向靠拢协防,⑥从⑥的右侧侧前防守,防守⑦可能给⑥的传球。⑨、⑩向中路回收保护篮下。

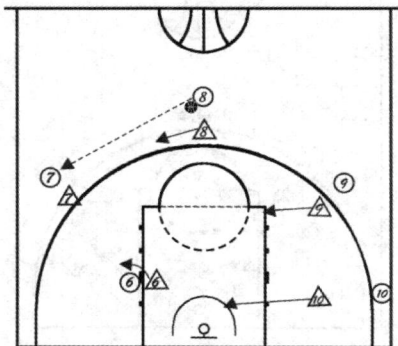

图 5-20　球在一侧位置的防守图

（2）半场缩小人盯人防守

防守区域一般为 6—7 米的范围内，根据人球关系和所处的位置，在防守时对有球和无球的队员按照有球紧无球松的原则来进行防守，主要是用于外线进攻不活跃、防守以内线进攻为主的球队，通过严密封锁防止进攻方将球传入内线，切断对方内外线的联系，尽可能阻截中锋在内线接球，弱侧队员做好回缩协防、补防的准备，保护和控制篮下，注意争抢篮板球，适时组织反击。

方法一：如图 5-21 所示，⑥号持球，△从⑩的右侧抢前防守，△⑧、△⑨回收协防篮下，△适当回收保护中锋⑩，同时注意⑦的切入。

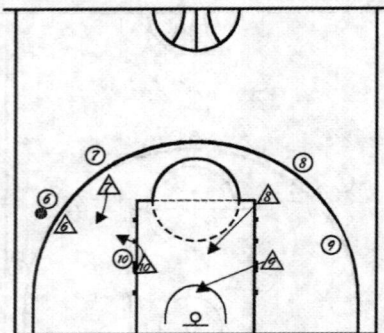

图 5-21　球在边路位置的防守图

方法二：如图 5-22 所示，⑧号持球，将球传给⑨，△上前盯人，△⑦、△⑥回撤保护篮下，△⑧回撤罚球线，△在⑩的左侧侧前防守，防守⑨有可能传给⑩的球。

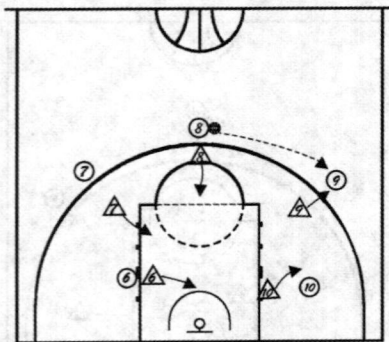

图 5-22　球在中路位置的防守图

3.要求

守转攻时快速退回后场组织防守,根据对手—球—篮筐—我和所在区域威胁性的大小来进行防守位置和防守原则的调整,例如,运球追、远篮控、近篮封、近球贴、远球堵、有球逼等。遵循这些原则的同时,防守人还要有较好的场上视野,积极协防、干扰对手,通过挥臂干扰投篮和传球路线。根据强侧弱侧、外线和内线、近球区和远球区采用不同的防守方法,并形成团队的整体防守。

4.学与练

(1)首先采用战术板和多媒体手段讲解和演示半场人盯人防守战术的概念、目的、要求,使学生建立一个泛化的了解,加强个人防守能力的训练,比如防守的移动、防守的基本动作、防守的基础配合来加强个人的防守能力(提高穿过、挤过、绕过、关门夹击、抢打断等个人能力)和2—3人之间防守基础配合能力,从而有效提高半场人盯人防守的效能。

(2)加强技术训练的同时培养学生的意志品质,尤其是被突破后养成一定要追防或补位的习惯,以及顽强的意志品质。

(3)先学习和先教半场缩小人盯人防守战术,对方法、要点、时机和位置都提出明确的要求。

(4)在掌握了半场缩小人盯人防守的战术后,再学习半场扩大人盯人防守的战术。

(5)在教学和训练中,遵循先易后难的原则可以先教强侧的防守和防守配合,再教弱侧的防守和防守配合,最后再进行全队的防守配合练习。

(6)先进行消极进攻下的半场人盯人防守,再进行积极进攻下的半场人盯人防守。

(7)结合比赛,在对抗比赛过程当中,学习和掌握半场人盯人防守的战术。

(8)特别要加强团队的补防和协防意识的培养,还要结合攻守转换来提高攻守转换的能力,并与半场人盯人防守相结合,做到灵活运用。

（二）进攻半场人盯人防守

1. 概念

进攻半场人盯人防守战术是运用最普遍的，也是进攻战术的重要组成部分，是根据防守方的防守特点和防守区域范围，结合本队队员进攻的技术和能力，组成的个人和全队进攻。

2. 方法

不同的进攻阵型："2-3"阵型（单中锋配合为主），如图 5-23 所示；"1-3-1"阵型（以双中锋上下站位进攻变化为主），如图 5-24 所示；"1-4"阵型（双中锋上提进攻变化为主）如图 5-25 所示；"1-2-2"阵型（无固定中锋的进攻变化为主），如图 5-26 所示；"2-2-1"阵型（以单中锋外策应的进攻变化为主），如图 5-27 所示等进攻阵型。

图 5-23 "2-3"阵型

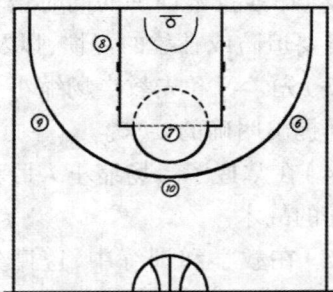

图 5-24 "1-3-1"阵型

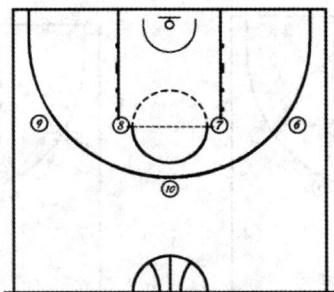

图 5-25 "1-4" 阵型

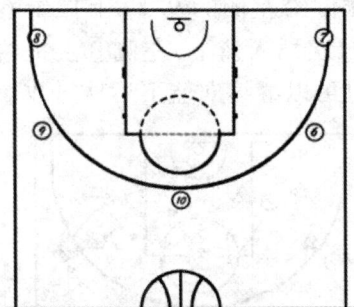

图 5-26 "1-2-2" 阵型

图 5-27 "2-2-1" 阵型

进攻的方式：通过中锋策应配合、掩护传切策应配合、移动进攻配合、通过中锋进攻、突破分球。

中锋策应配合如图 5-28 所示，⑩持球，⑧上提到罚球线附近的策应位置接⑩的传球，⑦和⑥从场地的右侧插入到篮下，⑩向场地的中间移动，可接⑧的回传球投篮，也可以纵插到篮下接球投篮。⑧转身后可选择自己投篮，可以伺机将球传给机会更好的⑦和⑥。⑨后撤到中场附近做好攻守平衡的准备。

掩护传切策应配合如图 5-29 所示，⑩持球传给⑧后向左下移动与⑨做交叉策应，⑨上提，右侧⑥下移给⑦做掩护，⑦向上移动，准备接⑧的传球投篮，⑥掩护⑦后可转身切入篮下，准备接⑧的传球攻击篮筐。⑧获球后可以转身投篮，也可以传给其他位置更好的同伴投篮。

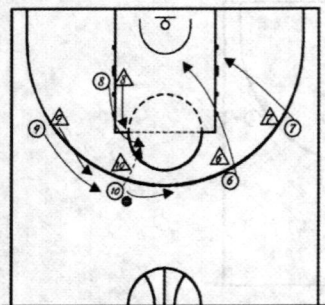

图 5-28　中锋策应配合　　　　图 5-29　掩护传切策应配合

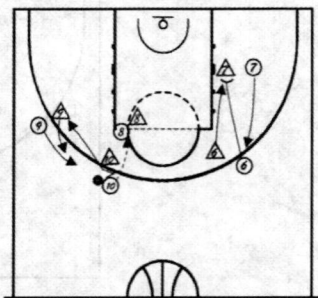

移动进攻配合如图 5-30 所示,⑩持球传给左侧的⑨,⑦上提给⑥做掩护,⑥从外 45 度角斜插篮下,⑦转身二次插入篮下,左侧⑧上提给⑨做掩护,⑨从左侧运球突破,可以投篮,也可以继续向篮下运球进攻。

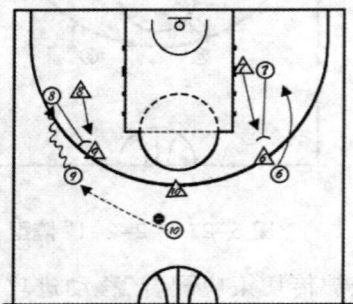

图 5-30　移动进攻配合　　　　图 5-31　通过中锋进攻

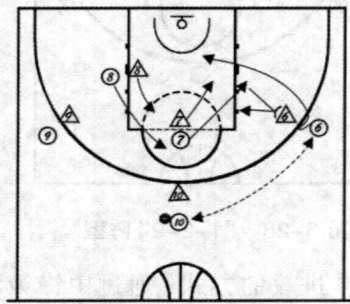

通过中锋进攻如图 5-31 所示,运用"1-3-1"阵型进攻,⑩和右侧的⑥相互传接球,上线中锋⑦下移到场地三秒区的右腰上,底线中锋⑧上移到罚球线,⑥根据机会可以传给⑦和⑧,⑦如果没有机会可以上提给⑥做掩护,⑥插入篮下,⑦转身跟进篮下,⑩伺机可传球给⑥和⑦,完成进攻。

3. 要求

要求队员具备较好的个人进攻能力和较好的身体素质作为基础保障,全队能够熟练运用进攻战术基础配合,通过 2—3 人的配合出现空位、空档,争取主动,全队采用快速灵活的进攻方式,尽量扩大进攻面积和进攻点,可以采用拉空一侧的战术,利用能力最强的队员去攻击对方防守的薄弱环节,创造战机。注意进攻节奏变化、注重进攻篮板球形成二次进攻机会。

4. 学与练

(1)通过多媒体技术和战术板对进攻技术阵型的讲解,介绍不同阵型的基本站位、阵型的战术意图和在比赛中的运用场景。

(2)先进行一对一的攻防练习,从而提高运动员单兵作战能力。

(3)然后再练习2—3人的局部进攻战术基础配合,比如说后卫与前锋、前锋与中锋等。

(4)再结合二对二、三对三,提高队员单兵作战能力和进攻战术协调配合能力。

(5)在无人防守的情况下,进行各种进攻线路变化的练习。

(6)进行特定防守配合下的进攻配合练习,利用半场或全场进行五对五的练习,提高进攻战术的质量(分别包含消极防守和积极防守状态下的练习)。

(7)半场的四对四、半场和全场的五对五战术练习。

二、全场人盯人防守与进攻全场人盯人防守

(一)全场人盯人防守

1. 概念

它是进攻型、破坏力较强的一种防守战术,是由攻转守时运动员就近就区快速地找到防守的对手,在篮球场全场的范围内进行紧逼盯人的防守战术。

2. 方法

由于是在全场范围内进行防守,根据进攻队员所处的位置和区域不同,分为前场、中场和后场(图 5-32)分别组织防守。

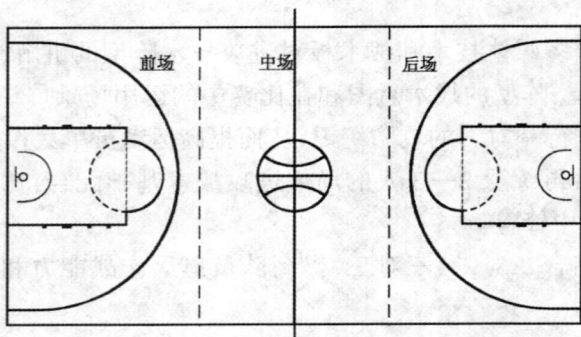

图 5-32　前中后场地示意图

（1）前场防守方法

运用较多的有两类防守方法,一类是掷界外球,一类是防守方抢到篮板球后的防守方法。

对方掷界外球时,有两种防守方式:一种是对方准备掷界外球时,防守队员迅速找到自己的防守人,进行一对一的防守。当封堵发球人时,要挥动双臂,尽量扩大防守面积,迫使对方传过顶球,或向边侧传球,前场的另外两名队员要封堵他们的接球路线,迫使接球人在边路接球,另外中后场的两个防守同伴,在中线和后场根据进攻人的位置采用松动盯人的方法防守对手,注意破坏对方的长传球,并注意协防其他进攻队员,从前场就开始执行堵中放边的原则,最好是让对手沿场地的边线移动。另外一种是放弃对发球人的防守,用 3 名前场防守的运动员去防守对方 2 名进攻的接应人员,并对核心的控球队员进行夹击,不让其接球,力争在前场就破坏对方的进攻组织。如图 5-33 所示,⑩底线发球,⑨和⑪同时夹击最近的接球人⑨,合力防止对方接球,⑧紧逼自己的防守人⑧,⑦松动防守⑦,伺机协防补防,⑥在后场游击防守,选择在能干扰对方长传快攻的条件下还能帮助在中场阻击对手。

在对方获得防守篮板球后,迅速在移动中就地找人防守,在前场特别要对抢到篮板球的人和接应的队员进行紧逼和破坏性防守,防止快攻的发动。其他队员在对应自己防守人的同时做好协防、补防和关门夹击的准备。远端的防守人可适当松动防守,注意抢断进攻方的传球。

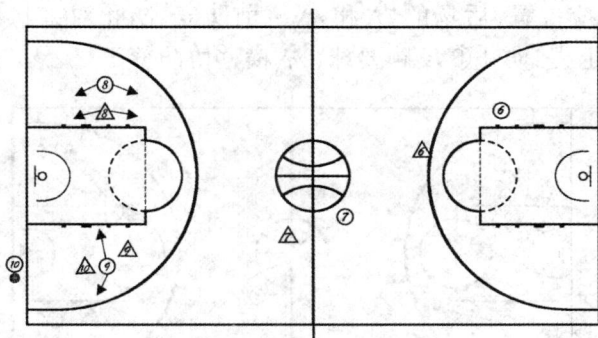

图 5-33　放弃发球人

（2）中场防守方法

第一防区的防守为中场的防守赢得了时间,中场防守以一对一的形式进行紧逼对手,补防时形成顺时针的轮转补位,中场防守更要注意防守中路进攻队员的策应,大胆利用错位防守。失去防守位置的运动员要迅速追防和回撤,并在中场中线附近形成夹击和抢断球,根据情况可选择暂时交换防守人,以阻碍对方的进攻。

中场防掩护图:如图 5-34 所示,⑨摆脱⑨后,接⑩的底线发球,⑨挤压⑨堵中放边,迫使⑨沿边线运球前进,中场的⑦给⑧做侧掩护,⑧利用掩护摆脱⑧的防守,准备摆脱接应⑨,⑦交换防守,继续防守⑧,⑧转体到内线换防⑦。

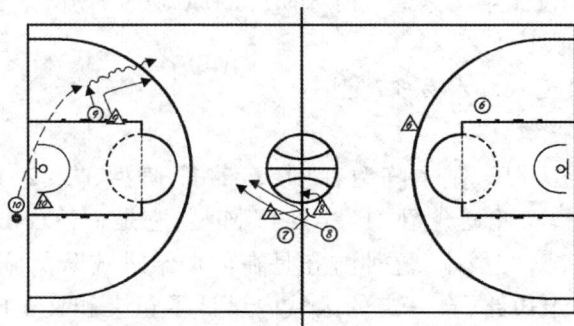

图 5-34　中场防掩护图

中场防策应图:如图 5-35 所示,进攻方⑩底线发球给左侧的⑨,⑨

摆脱接球后在 ⑨ 的严密防守下沿边线运球推进,⑩发球后进场向前移动, ⑪ 跟防随球移动。中场⑧采用中场策应的方式,前提中区策应, ⑧ 立即抢占策应位置,后场的 ④ 和 ⑤ 绕前防守,防止对方长传篮下的⑥ 和⑦, ⑥ 稍上提,防止⑧反跑要球, ⑦ 横移协防篮下。

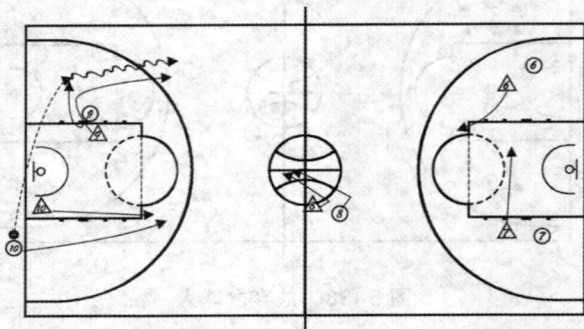

图 5-35 中场防策应图

（3）后场防守方法

进入后场就意味着将进入半场紧逼人盯人防守,由于在前两个区域交换盯人、轮转补位出现了交换防守人的错位防守现象,寻找时机调整,以便于进行第三阶段的防守。

重点在第一和第二阶段,充分利用 5 秒、8 秒、球回后场等规则,造成对方失误,引诱对方盲目运球进入防守的口袋,利用场地的中线、边线和底线,形成夹击,从而实现局部的多防少局面,使得对方出现传球失误,夺取控球权。

后场防守按照半场紧逼人盯人防守的原则进行防守。

3. 全场紧逼人盯人防守阵型

全场紧逼人盯人基本阵型有"1-1-2-1"阵型、"2-2-1"阵型、"1-2-1-1"阵型等。此处介绍"1-2-1-1"阵型,它是一种攻击性很强的全场区域人盯人防守战术,这种防守是在前场给进攻队员施加强大的压力,逼迫对手走边路,在一定的区域内设计了包夹和夹击的防守配合,迫使对方进行长距离传球,其他防守队员迅速调整位置,并进行及时的抢断,在防守中被超越的运动员要全速追防并做好替协防队员补位的准备。这种战术对队员的防守意识和防守战术配合、身体素质、移动速度、补防协防能力要求较高。防守特点：前中场紧,起到了破坏球和延误时间的作用。远端防守运动员采取松动以抢断传接球为主的选位移动。

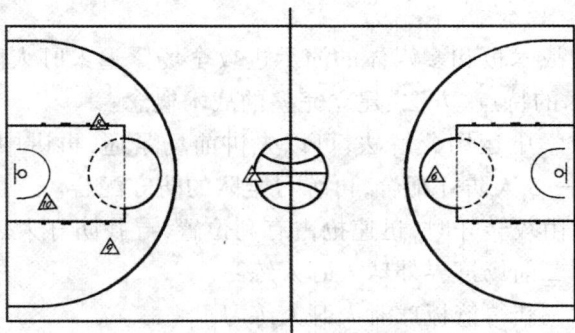

图 5-36   全场紧逼人盯人防守阵型"1-2-1-1"阵型图

4. 要求

一是要求队员具有极强的攻守转换意识。

二是全场人盯人防守战术要求运动员具有顽强拼搏的精神状态,具备较好的移动能力和灵活性,场上要有良好的视野,要在整个场地上展开激烈的拼抢,运用抢、打、断、堵、截、夹击、补防来造成对方失误,破坏对方有组织的进攻,反客为主,制约比赛节奏,变被动为主动争得比赛的主动权。

三是增强全队的防守能力和协同作战能力,在同伴漏人后根据威胁等级马上补防、协防,漏人的防守队员一定要追防或与其他同伴换防,尽量减少防守失误给全队带来的防守压力。

四是善于利用规则制造带球撞人等诱使对方进攻出现失误和违例。

五是防守队员按照堵中放边的方法使进攻队员向边线或场角运球,一方面进攻方移动路线长,防守方从中路直线回防移动路线相对较短,另一方面可以在中线和场角的位置组织进行夹击。

六是做到人—球—区兼顾,近紧远松,封堵抢断对手的传球。

5.学与练

（1）通过战术板和多媒体的演示进攻全场紧逼人盯人防守,使学生明确防守战术的特点、方法、建立完整的战术概念。

（2）在教学中运用分解法,可以先讲前场紧逼,再讲中后场紧逼配合；先练习2—3人防守配合,再练习全队的防守配合。

（3）练习由攻转守时,迅速抢占有利位置,寻找防守人。

（4）二对二前场掷界外球人盯人练习。

（5）三对三获得篮板球时人盯人练习。

（6）中场防守在迫使对方沿边路运球的同时,抓机会进行夹击堵截的练习。

（7）采用四对四、五对五的教学比赛。

（8）先学练进攻半场人盯人防守后,再学练全场人盯人防守。

（9）提高学生个人防守技术和防守战术基础配合的能力。

（10）加强学生的身体素质训练,特别是速度耐力训练。

（11）加强对学生作风和意志品质的锻炼,全队要统一思想,积极主动,争取在气势上压倒对方。

（二）进攻全场人盯人防守

1.概念

指进攻队根据防守全场紧逼人盯人防守面积偏大、人员阵型较为松散的缺点,采取有针对性进攻的方法。

2.方法

采用快攻的形式,长、短球快攻快速接应,运球突破结合传球,从速度上快速的发动进攻,破坏对方的人盯人防守阵型。

推进式进攻,在不能发动快攻的情况下,进攻队按照固定的推进套路和配合,利用策应、传切、掩护、突分等进攻基础配合,把球安全推进到前场,来打破对方在前场和中场的防守。

3. 要求

首先,对方采用人盯人防守战术时,进攻方在思想上要统一冷静、不能慌乱,球员在场上位置合理,有发球的队员、有接应的队员、有在中场附近接应的队员、有快下到前场的进攻队员,保持合理的距离,以扩大对方的防区。在获得球权的第一时间有机会尽可能发动快攻,破坏对方的防守布置。可以采用空切、策应等进攻战术基础配合,对同伴进行接应,把球推进过半场,不要盲目的运球,不要在中场线、边线附近停球,不要给对方创造夹击的机会。

4. 学与练

(1)通过多媒体和战术板演示进攻全场人盯人防守战术的位置、要求、使用方法等,了解战术意图。

(2)通过讲解、示范、演示让学习者对进攻全场人盯人战术有一个完整的概念。

(3)增加一对一攻击能力,提高进攻基础配合的质量。

(4)加强运球、控球练习,掌握娴熟的运球突破技术,它是破前场紧逼的一个有效的方法。

(5)在练习中先进行前场的发球接应和中场的策应配合,较熟练掌握后再学习整体的战术配合。

(6)进行全场的一对一突破结合策应练习。

(7)进行全场的二对二突破结合策应练习。

(8)进行全场的三对三攻守转换练习。

(9)进行五对五全队在没有防守情况下的站位、跑位练习。

(10)进行在消极防守下站位、布阵练习。

(11)进行在积极防守下通过实战发现问题,不断研究改进提高。

三、区域联防与进攻区域联防

（一）区域联防

1. 概念

指由攻转守时防守队员快速退回到后场，按照每人分工防守一个区域和区域内的进攻队员，并且把每个区域相连，形成五个相邻区域的防守阵型，采用以球为主的移动防守战术。它的战术特点是每个人分工负责一片区域，五片区域分别相连，防住区域里的人、防球或保护篮筐，而不是固定防守某个队员，要求每个队员要及时快速的退防，以球为主、人球兼顾，在相应的防区内，与防守人和球以及对手移动相结合，扬手挥臂，保持合理的防守阵型。联防防守对于控制篮板球和防突破有着良好的效果。

2. 方法

（1）不同的基本阵型

"2-1-2"联防防守是最早采取的联防方式，如图 5-37 所示，优点：防守队员布阵均衡，对于内外线攻击较强的球队防守都比较有效，两个腰线和正上部是防守的弱点，随着中锋的移动可以改变成其他的阵型落位。随着进攻战术的不断发展，联防的防守阵型也不断变化，在"2-1-2"联防的基础上产生了不同的防守形式。如，中锋上提变成"3-2"联防（上线防守严密，45° 角以下是它的防守弱点），如图 5-38 所示；中锋下落变成 "2-3" 联防（下线防守比较严密，上线防守防区相对较大，45° 角以上的防区比较薄弱，优点是有利于抢篮板球和发动快攻，对上线防守运动员的移动能力要求高），如图 5-39 所示；" 1-3-1"联防（是针对进攻落位的一种联防，45° 角以上防守严密，适合防守 45° 角以上三分投篮命中率高的球队，两侧底角区域及篮下防守薄弱，更适合对位防守），如图 5-40 所示；"1-2-2"联防（在对方没有内线中锋情况下多采用的防守阵型,适合防守外围快速灵活进攻为主的球队,缺点是对方如果有高大内线的时候防守比较吃力),如图 5-41 所示。

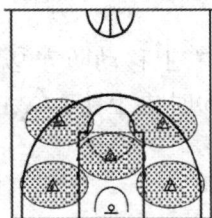
图 5-37　"2-1-2"联防防守

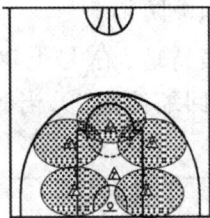
图 5-38　"3-2"联防

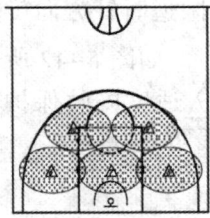
图 5-39　"2-3"联防

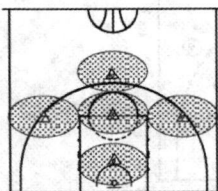
图 5-40　"1-3-1"联防

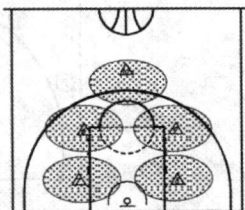
图 5-41　"1-2-2"联防

（2）"2-1-2"联防防守

"2-1-2"联防上线两个人,中间一个人,下线两个人,防守阵型较为均衡,对于内外线进攻能力较强的球队常采用此种方法。通过积极的脚下移动和手臂的挥动,干扰对方的传接球和内外线之间的联系,对持球人采用一对一的方式严密防守,相邻区域的同伴,做好回收保护关门协防的准备,弱侧的球员向有球一侧移动协防。

防守中锋时,防守人根据中锋所在位置的威胁程度可采用身后侧前、绕前的不同防守位置进行防守,积极干扰阻断进攻中锋在危险区域的接球,弱侧防守人回收协防中锋的过顶传球。在中锋接到球后,防守人迅速盯防,其他就近位置的防守队员回缩帮助协防中锋。中锋在将球传出后,防守队员根据球的位置重新调整自己的站位。在联防防守中,根据球在外线和内线的情况,防守队员要保持防守阵型内外伸缩的弹性防守状态,能够保持对纵向纵深的防守。

球传到 0 度角底线附近时,有球一侧的高位防守人迅速向下移动,形成关门夹击的战术,其他三名防守人调整自己的防守位置,干扰破坏抢断对方的传球,随时准备补位协防。球在上线移动时,前面两个防守人要积极滑步移动,相互保护,防止进攻队从正面突破防守,两个下线的弱侧防守人回收保护篮下。防守队员面向球根据球的左右,按照顺时针、逆时针方向旋转移动,积极防御。

如图 5-42 所示,⑩队员持球,△号上移防⑩,△右上移动防守⑨,△适度内收保护篮下,△回缩协防⑧,当⑩传球给⑥时再上防,△上提防守⑧。

图 5-42 "2-1-2"联防防守一

如图 5-43 所示,⑩队员持球传给⑨,△上防⑨,△下撤协防⑧,△、△向中场回收,保护中场和篮下,△侧后防守⑧。

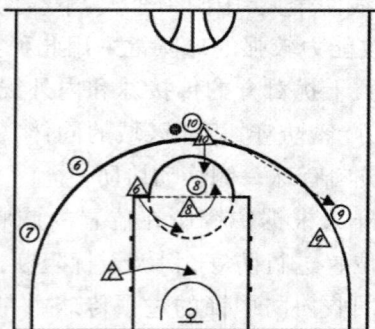

图 5-43 "2-1-2"联防防守二

（3）"1-3-1"对位联防防守

对位联防是在联防的基础上,与进攻方所采用的进攻队形相对应的防守阵型,例如对方进行"1-3-1"阵型进攻时,守方也可采用"1-3-1"对位防守。如图 5-44 所示,⑩号队员持球,△负责紧盯⑩,△负责防守进攻的中锋⑧,△随时根据⑧的移动位置来调整自己的防守位置,

⑥防守⑥的同时还要进行争抢篮板球和篮下的各种补防，⑦严密防守⑦，同时防止⑦溜底线，⑨严密防守⑨。

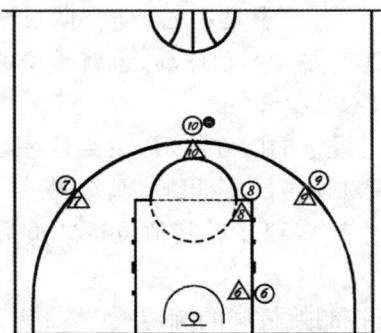

图 5-44 "1-3-1"对位联防图

3. 要求

一是快速回防，按位置分工，做好防守的阵势。

二是防守的原则是以防球—区为主。

三是面向球随球移动，有球紧、无球松。

四是对于持球队员，按人盯人方法紧盯，防投、防突、防传。

五是防止无球队员的空切、背插、溜底等。

六是随着进攻战术的发展，传统的联防防守也逐步发展到对位联防。

4. 学与练

（1）采用多媒体设备和战术板介绍联防基本阵型、方法及变化。

（2）先掌握了人盯人的防守和进攻人盯人防守之后，再介绍联防防守。

（3）先让队员掌握联防的基本原则和基本阵型，了解联防战术的优缺点。

（4）介绍学习"2-1-2"阵型作为基础教学联防阵型。

（5）通过分解练习位置防守技术，使队员掌握球在不同位置时如何防守前锋、后卫、中锋。

（6）对持球运动员投、突、传的防守，以及其他队员的背插、溜底、关门等配合的练习。

（7）场上五对五练习，要求是：五名防守队员根据球的移动及时调整自己的防守位置，进攻方人不动球动，也就是说通过传球的方式来练习防守者的走位。

（8）五对五消极进攻下的防守练习，主要是练习防空切、防背插、防溜底；练习要求：对无球队员的穿插跑动要阻截。

（9）五对五进攻中锋接到球后其他位置球员进行补防和协防位置调整练习。

（10）联防防守下控制篮板球的练习。

（11）在积极进攻下的五对五联防防守练习。

（12）在联防防守下培养结合快攻的意识。

（二）进攻区域联防

1.概念

指结合对方联防防守的阵型安排好相应的进攻落位阵势，通过外线和内线运动员的积极移动，球的转移来调动对方的防守，并在一定的区域内形成以多打少的局面，利用背插、溜底、策应、空切等进攻战术基础配合打乱联防防守，确立进攻优势的方式。

2.方法

联防防守的特点都是防位置区域里的人和球，这样在进攻当中要根据联防防守的阵型采用有针对性的、不规则的落位阵型与之对抗。例如，对方采用"2-1-2"联防时，进攻队可采用"1-3-1"落位。由于先天攻守队员落位的差异，导致"1-3-1"进攻站位上，上线的进攻队员多于防守队员，防守阵型中有一侧底线运动员的防区内没有进攻队员，形成了天然的位置差，造成了有利于进攻方的态势，可通过外围的传导球调动对手，形成某个区域以多打少，即某个区域形成二防三、三防四有利于进攻的局面，此时可以抓住时机大胆进攻，进行空位投篮和中远距离的投篮。

利用穿插、空切进行大范围的跑动,从中形成位置差,创造进攻机会,注意此战术行动要隐蔽、突然。

利用掩护和策应,主动制造进攻机会,当底线运动员平行位置向篮下移动,向内侧挤压自己的防守人至禁区的边线位置时,同侧上线的运动员下行移动到 0 度角的空位,接传球投篮。

利用突分配合创造投篮机会。利用个人突破能力,突破单人防守后,就近的防守人要放弃自己的防守人进行补防,这时就会产生一名进攻队员没有人防守的情况,突破人迅速将球传给补防人的防守对象,形成进攻机会。

3. 要求

一是如果能争取发动快攻,利用对方立足未稳还没有布置防守阵型时发动攻击,是最有效的方法。

二是利用溜底、空切、穿插等创造无人防守的空档,确立优势位置,增加投篮机会。

三是利用突破分球使防守方被动补防,从而产生其他位置的漏人,创造出更好的进攻机会。

四是利用远距离的投篮,逼迫对方扩大防守距离,拉大防守人之间的距离和间隙,为突破穿插制造空间,从而形成进攻主动。

五是在本方投篮后要组织争抢篮板球,其他队员注意退守,要有攻守平衡的意识。

六是尽量不要无目的地运球、在场地的边角运球和停球,以免让对方抓到夹击的机会,造成失误。

4. 学与练

(1)通过战术板与多媒体设备演示全面阐述进攻联防战术阵型和配合,建立完整的进攻战术概念。

(2)进攻联防战术的学习应安排在人盯人攻防战术之后。

(3)学习进攻区域联防之前,应该先学习区域联防防守,两者紧密相连,分别先后组织教学和训练。

（4）在学生学习进攻联防战术时，通过不同的阵型介绍和案例分析，让学生明白不管任何战术关键是要破坏对方的防守，制造投篮的机会才是重点。

（5）根据联防防守的特点，可以采用不对称站位，形成局部以多打少（例如二打一、三打二）的局面，多以策应、穿插、溜底线的方式，进行大范围的移动。

（6）调动对方抓住联防防守的空档薄弱区域发动进攻。

（7）增加外围远距离的投射能力，迫使拉大联防防守的区域，为其他队员创造更大的进攻空间。

（8）因学生已经学习过了战术基础配合，并具备了整体的战术意识，在掌握和理解区域联防的特点后，能够运用穿插移动、战术基础配合，再与区域联防防守教学相结合，使进攻区域联防更有针对性。

（9）在教学中，特意用"1-3-1"落位进攻"2-1-2"联防为教学重点案例进行介绍讲解，并在此基础上转化其他进攻阵型变化的教学。

（10）教学步骤一般可以在不设置防守人的条件下，确定进攻队的进攻阵型及每个队员的位置和分工，先进行战术的跑位，便于熟悉配合方法与移动线路，然后再进行局部的区域练习。

（11）在局部教学中先2—3人的配合，然后再增加到3—4人的配合练习。

（12）半场三对二正面传球练习，通过快速的传球调动防守寻找进攻机会。

（13）半场四对三接应传球练习，主要是结合中锋策应传球，制造寻找进攻机会，在有防守队员干扰下，练习策应配合。

（14）半场四对三背插和空切配合练习，要求传球吸引对方注意力，快速背插。

（15）半场四对三中锋策应与溜底线练习，大范围跑动掌握溜底线的机会，策应中锋要传球隐蔽到位。

（16）五对五的传切背插练习，利用传球吸引提高队员的传切、空切、背插的意识和配合。

（17）在训练中有针对性地强调远距离投篮，以迫使对方扩大防守面积，加强对溜底线、突分、策应、背插等进攻配合的训练。

（18）五对五全队练习应该在无防守或者消极防守情况下进行，然后逐步过渡到积极防守条件下的练习，最后才是在实战中提高战术运用能力。

（19）在全队战术训练时要注意，强调先练传球调动对方防守，创造多打少的机会，然后练习穿插溜底移动，最后再进行人动球动的配合练习。

第五节　篮球运动战术教学改革与创新

一、增加篮球意识训练，强调观念的转变

传统的篮球战术强调训练不同战术的使用，往往容易忽略对学生篮球战术意识的培养。在篮球的训练中，教师要强化对学生球场上意识的培养，引导学生对所学的单个战术知识的回忆，思考为什么要用、在什么情况下用以及如何用好的问题，使学生能够将理论知识与比赛实践紧密结合起来，真正理解战术意图，能够在比赛中做到融会贯通、举一反三、灵活应用。同时加强培养学生的篮球认知能力，教师首先要带领学生建立对篮球运动特征的表象认识，使学生对篮球运动特征有较为全面的了解；其次要重视对学生战术意识的培养，并将战术意识贯穿到整个的训练过程当中来；最后，要加强实战演练，通过实战比赛使学生的战术运用能力得以提升。

二、采用现代媒体技术，帮助学生把握战术使用规律

篮球战术在比赛中应用并不是一成不变的，而是会根据对手在场上的表现、对手采用的战术特点等，在大的战术思想下不断作出细微的调整，来形成自己的优势。学生作为运动参与的个体，很难跳脱出比赛从整体上把握战术意图，不利于学生战术意识的培养。因此在篮球运动战术的教学当中，将现代多媒体教学技术充分融入其中，观看教师选择的比赛录像内容，使学生了解单个战术使用的比赛情境，在通过观看一场完整的比赛录像，总结在不同阶段双方战术的使用情况，总结战术使用的规律，分析战术的优势和劣势，了解不同战术在使用过程中容易出现的薄弱区域，找到自己球队的突破得分点，这是学习战术的一个重要阶

段。在这个阶段完成后,再采取实战比赛的方式,让学生体验在比赛当中如何执行好教练员的战术意图以及如何灵活使用战术,对于学生掌握篮球运动战术具有极强的借鉴意义。

三、结合比赛情况设计战术配合方案,充分发挥队员优势

篮球战术的创新最关键的点体现在战术配合方面。一名好的教练员懂得在日常训练当中强化本队球员自身的优势,同时尽可能弥补短板,其目的是要让队员的能力有一个全面的提升。但是在篮球比赛当中,教练员作为球队的指挥棒,必须清楚了解自己球队中每个球员的特点,根据自己球队的实际情况来设计战术配合的方案,形成自己独特的球队风格和打法。诚然,战术不是一成不变的,但对一个已经形成自己风格的球队而言,战术又是万变不离其宗的。因此,需要教师在战术教学当中,结合队员的特点来设计战术配合方案,同时要分析对方球队的球风特点,灵活转变攻击和防守的具体战术部署,能够充分发挥出每一个球员的优势,为自己的球队赢得比赛的胜利创造有利的条件。

四、充分结合篮球技术,重视协同发展

篮球运动战术的有效执行是建立在篮球运动员个体对于篮球运动技能掌握的基础上,一个好的战术想要科学、合理、有效地执行,就必须与个体的技术配合使用。因此在篮球战术教学当中,如果只是单一地强调战术,学生难以与自己所学的技术建立联系。这就要求教师在日常的训练当中,要做到战术与技术的创新密切相连,两者协同发展,才能稳步推进篮球运动的科学发展。

第六章
篮球运动风险防范与应急预案

　　篮球运动在我国开展非常普遍，它是一项双方拼抢激烈、对抗很强的运动，要求运动员要全面发展、训练有素。本章将以篮球运动风险防范与应急预案为切入点，重点介绍篮球运动常见的损伤类型、篮球运动损伤的预防和篮球运动损伤应急处理与预案，帮助教师和学习者能够科学参与体育运动，减少运动损伤，做好运动损伤的处理。

第一节　篮球运动常见的损伤类型

　　篮球运动具有速度、频率和身体接触的特性,这可能导致广泛的伤害,特别是膝盖、手指、脚踝和足。我们看到的大多数急性损伤发生在突然撞击或跌倒、碰撞、方向突然改变、错误的着陆姿势之后,通常会对韧带和骨骼结构造成损伤。下肢损伤约占损伤的62%,大多数损伤是急性性质的。美国一项针对男性篮球运动员的研究发现,22%的球员每年至少会有一次因伤缺席比赛的情况。其中42%的损伤发生在脚踝;11%的损伤发生在臀部和大腿;9%的损伤发生在膝盖。扭伤是最常见的损伤类型(占43%)。60%的受伤发生在训练期间,59%的比赛中受伤发生在比赛的下半场。

一、头面部损伤

　　在所有头面部损伤中,有3%—29%是运动造成的。虽然从技术上讲,篮球不是一项身体接触的运动,但无意的跌倒、球员之间的碰撞以及与球的碰撞都会导致面部受伤。头部撞击和肘部撞击面部是常见的面部骨折机制。面部损伤是美国高中运动员中第三大损伤区域,在大学和专业运动员中,面部损伤的患病率呈下降趋势。一般这样的伤害可以很容易地在场边或训练室治疗,但有些需要更高级别的护理。

(一)脑震荡

　　脑震荡被定义为创伤性诱发的脑功能短暂紊乱,涉及复杂的病理生理过程。脑震荡是轻度创伤性脑损伤(mild traumatic brain injury,MTBI)的一个子集,通常是自限性的,并且处于脑损伤谱系的较轻端。据估计,在美国的竞技体育和娱乐活动中,每年发生多达3万例脑震荡；然而，多达 8% 的脑震荡可能没有报告。脑震荡发生在所有运动中，足球、曲棍球、橄榄球和篮球的发病率最高。脑震荡既可以因对头部的直接打击，也可因对身体任何部位的打击所形成的冲击力传到头部而引起；可能造成神经系统功能立即的和短时间的损害；会造成不同程度的、一系列的症状，有或无意识丧失。

（二）鼻腔损伤

篮球运动中鼻腔损伤包括鼻骨骨折、鼻中隔血肿、鼻腔撕裂伤和常见鼻出血。鼻腔外伤后，重要的是要确保不伴有气道损伤、脑震荡、眼损伤或脑脊液泄漏。

（三）面部骨折

面部骨折是篮球运动中不常见的损伤，主要分为下颌骨骨折（图6-1）和颧骨骨折（图6-2）。下颌骨骨折通常是下颌受到打击造成的，容易发生在搏击项目和集体运动中。摔倒时下颌撞在坚硬地面上是另一常见损伤机制。下颌骨骨折的症状和体征是水肿和血肿、错位咬合、黏膜撕裂、牙齿排列不齐、骨折区域的活动度加大，以及颏神经支配区域的神经损伤引起感觉减退。牙齿排列差异造成的咬合不齐以及骨折区域的活动度加大是骨折的具体体征。

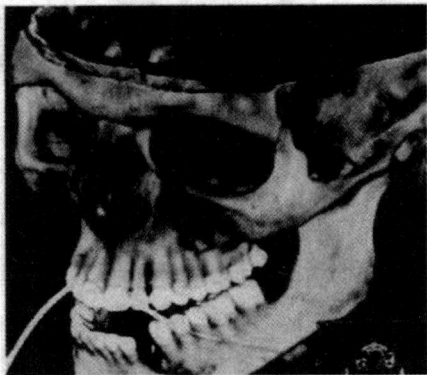

图 6-1　下颌骨骨折

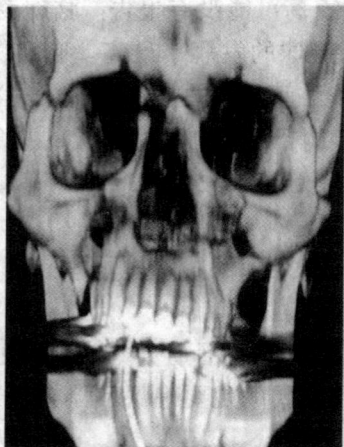

图 6-2　颧骨骨折

　　典型的颧骨骨折部位是在颧颌联合体最薄弱的结构：下眶缘、眶底和外眶缘，当运动员的头转向侧面而受到冲撞时，颧骨极容易受伤（图6-3）。颧骨骨折的表现是颧骨颧弓变平，如果颧骨下陷，患者很难张大口。能够触到下眶缘、口腔内颧颌联合体隆起、外眶缘的脱位和破损是骨折的具体体征。骨折的程度以及伤后是否能够立即手术将决定预后，很难进行后期的纠正手术。

图 6-3　头转向侧面受到冲撞

（四）牙齿损伤

与其他运动相比,篮球运动中牙齿损伤较为常见(图 6-4)。牙齿损伤可以分为牙齿松动和牙齿折断两种。牙齿松动分为完全和不完全松动两类。症状为牙齿部分或完全脱离齿槽。牙齿折断分为牙冠折和牙根折。

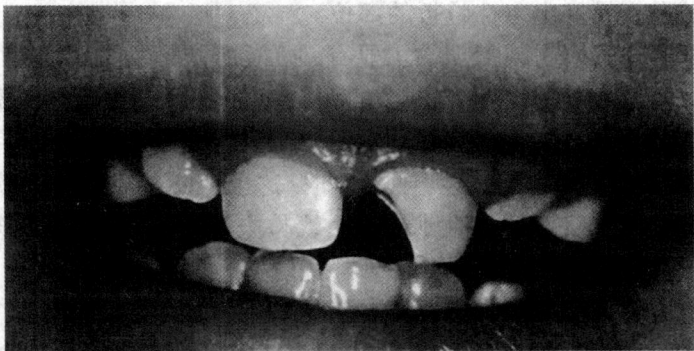

图 6-4　牙齿损伤

（五）眼部损伤

篮球运动的接触性、外伤性眼部损伤比较常见。据估计, NCAA 篮球运动员中,每 10 个运动员中就有 1 个会发生眼部损伤。大多数受伤是由于其他球员的手或肘部的直接撞击产生创伤。一些伤病可以在球场上处理,另一些则需要在医院或急诊室进行更深入的评估,一些损伤将需要转介眼科评估。

如角膜擦伤最常见的原因是其他球员的手指造成的创伤。与男篮相比,这些损伤在女篮中更为常见,可能与指甲长度有关。

（六）耳部损伤

篮球运动员的大部分耳部损伤是外伤性的,包括耳裂伤和耳部血肿。鼓膜穿孔很少见,但也有报道。

二、手腕部损伤

手腕部的损伤经常发生在篮球比赛中,球员经常使用他们的手,从运球到传球到接球再到进攻投篮。在防守中,球员用手防守并试图控制球。手腕部的损伤通常是脱臼或骨折,脱臼涉及将手指骨从其正常位置移动,并且可以发生在任何手指的任何关节中。在篮球运动员中,中指和拇指是最容易发生急性骨折的部位。

篮球运动员的手腕部损伤主要有:拇指韧带撕裂(如尺侧副韧带损伤)、掌骨骨折和指骨骨折。损伤类型与体位之间没有关系,最常发生在球击中手指末端(卡住或推动关节在一起)或球击中手掌侧的手指(导致手指关节向后弯曲或"过度伸展")时,这也可能导致骨折以及手指韧带或肌腱的损伤。如果发生脱位,X 线检查将有助于确保受影响关节的对齐正确并排除骨折。

近端指间关节是最常见的损伤部位,损伤可发生在关节囊,并可导致韧带和肌腱的断裂以及关节内骨折。近端指间关节的掌侧脱位或被迫屈曲可导致中央滑脱远端三角韧带的急性断裂或慢性损伤。这种损伤在篮球运动员中很常见,对于排除骨关节和韧带软组织受损的手腕部损伤,可以采用冰敷以及制动的方式进行保守治疗。冰敷将有助于减少炎症和肿胀,这是大部分疼痛的原因。此外,在手腕部损伤预防中,除了随时注意自己的位置以及防守者和球的位置之外,还可以采取戴护具、打绷带等方式进行防护。

三、肩部损伤

肩膀是一个球窝关节,在人体关节中运动弧度最大。这种大范围的运动是以稳定性下降为代价的。运动和稳定之间的微妙平衡是通过复杂的盂肱关节实现的,包括静态和动态稳定器。

篮球运动员最常见的肩部损伤可分为急性和慢性损伤。急性损伤包括肩关节脱位、肩锁关节分离、锁骨、肱骨近端和肩胛骨骨折。慢性损伤包括肩袖肌腱炎或撕裂、肩峰撞击、肱二头肌肌腱损伤、SLAP 病变和肩胛骨运动障碍,其中一些病理可以同时发生。肩部损伤的治疗需要在详细病史的基础上进行正确的诊断,结合体格检查以及对肩关节独特解剖特征的了解。保守治疗是篮球运动员肩部损伤的主要治疗方法,但手术干预可能是必要的,特别是在保守治疗失败的情况下。

四、腰部损伤

专业运动员以动态载荷(跳跃)、侧向弯曲、扭曲、剪切和压缩力的形式对脊柱施加重复的、不自然的压力。腰痛是 NCAA 男篮人群中第七大常见损伤,占比赛损伤的 2.2%,占训练损伤的 3.6%。在专业水平上,躯干和脊柱是第四大最常见的损伤区域。

腰椎损伤在篮球运动员中是相对常见的,并且也是造成运动员无法参赛的重要原因之一。这些损伤中有很大一部分被归类为"肌肉拉伤",因为这是最常见的症状。

五、膝关节损伤

教练通常会教他们的球员使用身体接触,而球员通常会利用他们的身体来发挥自己的优势,包括当争夺位置、故意对抗犯规、用前臂和肘部挡开防守者时,会使受伤的概率增加。一般来说,韧带损伤是最常见的急性损伤类型。篮球运动中常见的两种严重膝关节损伤是"跳跃膝"和前交叉韧带(ACL)损伤。

"跳跃膝"或髌骨肌腱病尤其影响篮球运动员的髌骨肌腱近端,约占髌骨肌腱损伤的 70%。前交叉韧带断裂是一种严重的损伤,恢复时间长,对运动员的运动生涯产生影响。研究表明,22% 的 NBA 球员未能重返赛场,而在重返赛场的球员中,近一半(44%)的球员效率评级较低。前交叉韧带损伤的机制是非接触性、减速和方向的突然改变,这可能导致胫骨的异常翻转。膝外翻也是原因之一,在女性中更为常见,膝关节外翻增加导致膝关节外翻力矩增加,这极大增加了前交叉韧带的损伤风险,但是可以通过动态本体感觉训练纠正。

六、踝关节损伤

踝关节扭伤最常见的机制是单腿着地时踝关节屈曲的翻转力矩。

篮球相关损伤有外在和内在的危险因素。从表面上看,篮球是一项高强度的运动,需要频繁的方向变化和起跳落地。篮球运动中踝关节损伤包括肌肉拉伤、应力性骨折、跟腱损伤。在 NBA,大多数跟腱断裂发生在赛季早期。最常见的受伤机制是足背屈在脚趾着地前从一个停止的位置起跳。

第二节　篮球运动损伤的预防

对比赛的要求和常见的运动损伤有深刻的了解是防止受伤的必要措施。然而,运动损伤是复杂的、多因素的。有这么多因素在起作用,完全预防可能不现实,而降低伤害风险的目标可能更具有意义。一旦定义了这一背景,了解了运动环境,就可以找出可能导致损伤的风险因素。

危险因素通常被定义为可改变的和不可改变的,以及内在的和外在的。可改变的危险因素包括有氧能力、肌肉力量和运动量等因素,而不可改变的危险因素包括年龄和既往损伤史。内在风险因素被定义为本质上是内在的因素,如性别或遗传。外部风险因素本质上可以定义为环境因素,可能包括场地条件、竞争水平、对手接触等,其中许多风险因素可分为多个类别。年龄可以是一个不可改变的内在因素,而训练量可以是一个可改变的外在因素。在复杂系统方法中,从业者将在生物—心理—社会框架中考虑这些相互作用的因素,以评估和干预不断发展和个性化的运动员生态系统。

增加预防损伤的知识是一项重要的任务,因为篮球是世界上最受欢迎的运动之一,无论男女老少。为了最大限度地降低受伤的整体风险,必须实施急性和过度使用伤害的预防策略,最好也是结合个人身体状况和运动参与情况采取的个性化的预防策略。

一、运动负荷的监督

负荷和负荷能力之间的平衡被认为在损伤原因中起着重要作用。

当施加在组织上的负荷超过该组织的承受能力时,受伤的风险就会增加。使负载能力问题复杂化的是,组织要适应和提高负载能力,需要逐渐增加略大于当前组织容量的负载。

因此,为了改善负载能力,必须增加负载,但不能过多地伤害组织。一个经常被忽视的部分是每个运动员所能承受的负荷可能大不相同,对于职业篮球运动员来说,这些因素尤其复杂。

当谈到预防伤害时,一个重要的方面是能够识别一般和个人的风险因素,创伤和超负荷都可能造成损伤。无论哪种方式,当施加的负荷和球员的能力不平衡时,受伤的风险就会增加。因此,为了防止篮球运动中的伤害,对篮球运动员的身体和心理缺陷进行个体筛查与控制所施加的负荷同样重要。如果施加的负荷对球员的能力来说太高,受伤的风险就会增加。另一方面,如果负荷过低,则训练没有效果。

二、篮球运动损伤的预防

由于篮球运动的多向性,篮球相关的伤害很常见。频繁的起跳和激烈的比赛使篮球运动员容易受伤。篮球运动伤害的预防是多方面的,包括神经肌肉训练、合脚的鞋子、脚踝的支撑和佩戴护具等。

下面介绍篮球损伤预防的方案:一般来说,运动员每周需要 3—5 天,每天 15—30 分钟的针对功能性活动和肌肉离心、近端关节力量、髋关节力量、单腿力量、平衡练习以及运动控制的训练。这些训练可能是低强度训练,其重点是减少动力链的异常运动,通常以躯干、腰臀和膝盖的最小位移为中心。这些训练的进阶包括增强训练任务,增加对运动系统的需求,并要求运动员在整个动力链中缓慢地控制和产生力,特定的运动模式训练或运动控制任务可能取决于不同的人群。

单腿蹲(图 6-5)。运动的重点是下肢控制能力,提高臀部和大腿肌肉力量与平衡能力。

图 6-5　单腿蹲

　　单腿跳（图 6-6 ）。运动的重点为下肢运动控制、减速缓冲能力以及力量发展。

图 6-6　单腿跳

　　单腿硬拉（图 6-7 ）。运动的重点为离心的负荷刺激，同时也增强了髋关节和躯干肌肉的训练，增强平衡能力和躯干控制能力。

图 6-7　单腿硬拉

　　侧蹲（图 6-8 ）。运动的重点为下肢提供了多方面刺激，包括臀部和大腿周围的多个肌肉群的肌肉训练,以及与四头肌离心负荷相关的减速能力。

图 6-8　侧蹲

髋内收训练(图 6-9)。运动的重点是髋关节内收力量训练以及核心力量训练。

图 6-9　髋内收训练

第三节　篮球运动损伤应急处理与预案

随着篮球比赛对抗更加激烈,运动损伤的比率逐渐升高,需要增强意识降低损伤的发生率。脑震荡和心脏骤停是所有运动员都关心的问题,在篮球人群中发生率更高。面部创伤可能需要紧急治疗以改善预后。某些上肢损伤,特别是不稳定脱位,可能需要停止比赛和更长时间的治疗。膝关节脱臼,如果诊断错误可能会危及肢体,需要初步评估。脚部和踝关节的损伤,愈合潜力较差,也需要提高警惕。尽管一些伤病需要在球场上进行评估,但大多数篮球中的伤病都可以在球场外处理。

校医或队医不仅要善于识别危及生命或肢体的损伤并稳定运动员或学生的病情,还要善于实施急救,能够对小的伤病进行及时干预,让运动员重返赛场。同时,队医或校医应该意识到自身专业和现场医疗条件的局限性,参考运动员的伤病程度决定是继续比赛、留下观察还是立即就医。在比赛场外校医或队医应具备的医疗技能包括:紧急情况下的伤口缝合和伤口护理、用胶带和夹板固定关节、施加压力绷带、止血、使用防护装置(护膝等),还有冰块的应用和简单的按摩、熟练使用电子除颤器。

一般来说,篮球运动中常见的损伤多为急性。急性损伤通常与特定情况相对应。下面简述急性损伤的处理。

一、运动损伤的急性处理

急性损伤表现为肿胀、局灶性疼痛和与炎症状态一致的关节活动缺失。由于发病快速,早期诊断可能很困难。早期治疗急性损伤以减少肿胀、出血和疼痛对于减少损伤造成的时间损失至关重要。初步评估后,治疗的直接目标是限制出血、肿胀、控制疼痛和保护受累肢体。运动受伤有所谓的"黄金48小时",即治疗急性运动损伤的黄金时间是伤害发生后的48小时内。在这个时间内采用冰敷等方式可以大大缩短恢复的过程。

休息:受伤后,第一步是停止正在做的活动,并从任何引起疼痛的活动中休息。休息可能涉及使用拐杖、支架、胶带或吊带。这有助于减少受伤组织的肿胀和出血。

冰敷:立即将冰块或用冷毛巾包裹的冰袋敷在受伤部位,有助于减缓炎症反应,减少受伤部位的肿胀和出血。如果感到任何极度疼痛或不适,请务必停止使用冰块,因为可能会有冰灼伤的风险。

压迫:使用加压绷带对受伤部位进行加压也有助于减少出血和肿胀。使用绷带时,应该将前一层重叠一半。绷带应该很硬,但不要太紧,以免引起疼痛。如果出现针刺、麻木或四肢的颜色变化,则意味着绷带太紧并阻断血液循环,应立即松开绷带。压迫的主要作用是帮助控制/

减少肿胀，并通过对四肢施压增大组织压力进而减少内出血。另外也有减缓伤口发炎、减少组织液渗出的作用。

抬高：受伤的肢体高于心脏水平的区域有助于最大限度地减少该区域的肿胀和出血。对于下肢，尝试将受伤区域抬高到骨盆水平以上，方法是平躺，腿抬高在椅子或枕头上。

此外，在受伤后的前 24—48 小时内避免以下四种伤害行为：热敷、饮酒、跑步／运动、按摩。

二、昏迷的应急处理

当运动员在赛场上昏倒时，队医必须考虑创伤和医疗。初步评估应优先考虑与颈椎、头部创伤、气道或循环系统有关的可逆性危及生命的损伤。头颈部外伤可能导致意识丧失。如果存在与气道和循环有关的问题，运动员在发生永久性细胞损伤之前可能有一个有限的时间窗口，短至 3 或 4 分钟。一旦解除对心肺系统的威胁，要检查是否有神经系统和其他危及生命的医疗紧急情况。心血管原因是运动员非创伤性猝死的最常见原因，其次是脱水、温度相关疾病、电解质失衡和不适当的药物使用。

在初步检查没有结论的时候，不应立即移动运动员。如果运动员有突发心律失常、心肌梗死、休克或胸部钝性创伤引起的心脏骤停的情况，应立即开始实施胸部按压心肺复苏术。每个学校体育场馆都应该配备电子除颤器，并定期检查除颤器的电池电量，以保证出现紧急情况时能够正常使用。

颈椎：颈椎固定是治疗颈椎外伤的第一步，因为颈椎处理不当可能导致脊髓损伤。如果发生可能对颈部造成伤害，或者患者抱怨颈部持续疼痛，则必须推断颈椎是否受到严重伤害。在排除了心肺急症后，运动员的颈部应一直保持手动支撑，并小心移动，直到成功排除颈部损伤。在进行其他复苏步骤时，应首先将颈部固定，可采用直线固定或使用刚性颈椎领固定，便于稳定颈椎，尽量避免颈部的伸展或屈曲。如果运动员是无意识的，颈椎保护是至关重要的，它应该贯穿于整个初步检查过程中。

气道注意事项：气道和通气检查是需要重点进行的检查。在头部和颈部受到创伤的情况下，当运动员倒下时，舌头向后落是气道阻塞的一个非常常见的原因。在评估受伤的篮球运动员时,首先询问运动员的名字是了解气道是否通畅的简单有效的方法。异常的呼吸音,如喘鸣声、咕噜声、口哨声和喘气声提示部分气道阻塞。肋间缩回、使用副肌、躁动和意识水平改变是严重气道阻塞的一些指标。指甲床和嘴唇周围便成紫色,皮肤出现紫绀都标志着身体发生了缺氧的情况。在无法判断气道是否堵塞的情况下,保证气道通畅是最关键的。第一步是张开嘴,确保没有异物通过气道,舌头没有向后下垂阻塞气道。检查气道时,要将运动员的下巴稍向上抬,把食指放在运动员的下颌骨下,用拇指轻轻拉下唇,检查舌头和气道是否有损伤,进而观察是否有阻塞气道的情况,如果有,予以清理。

呼吸:在检查气道和颈椎后,应立即检查通气状况,因为氧气是维持生命的重要条件。通过俯身听呼吸音,同时观察胸部的呼吸运动是否对称,如果胸部呼吸运动不对称可能提示胸壁损伤。为确保自主呼吸或气囊—瓣膜—面罩辅助通气时有足够的空气进入,应使用听诊器对每个肺部进行听诊。要注意胸部的血液或空气可能会阻碍呼吸音的传递,如有呼吸困难、听诊呼吸音减弱等征象,应触诊气管前颈,看气管是否偏离胸腔一侧。如果气管偏曲,应检查是否是紧张性气胸。如果运动员不能自主呼吸,采用气囊—瓣膜—面罩装置补充氧气。

循环系统:如果运动员在昏迷的情况下,首先要触诊下颌角下的颈动脉来评估心血管系统。如果两侧均无颈动脉脉搏,且运动员表现出休克、心脏骤停或心律失常等其他体征,则必须立即启动心肺复苏术。如果有出血,可根据情况采取相应的包扎止血,抬高患肢。

残疾:如果运动员不能连贯地回答简单的问题,或者有任何开放性、凹陷性颅底骨折的迹象,发生呕吐、失忆、神志不清或无意识,应首先考虑严重的头颈部损伤。

耳朵、鼻子或嘴巴出血,眼睛周围或头骨底部有瘀伤,可能存在头骨骨折和潜在闭合性头部损伤。如果运动员确实表现出任何头部或颈部创伤的迹象,应该被转移到医院进行救治。

用医疗灯快速检查瞳孔,问运动员几个问题,并评估每个肢体的运动情况,可以很好地了解运动员的神经系统状况。通过瞳孔检查反映颅内损伤的情况。通过要求运动员挤压医生的手指和移动脚趾,可以快速评估运动功能和检查运动员遵循命令的能力。

三、运动损伤的防治——护具的佩戴

根据运动员的个人喜好、运动习惯、伤病的情况以及比赛的激烈程度,运动员自己来选择是否需要佩戴护具,同时正确使用和佩戴护具也是减少运动损伤的一个重要因素。运动员在进行大力量训练时,例如杠铃的半蹲和全蹲,建议佩戴护腰。以下将展示几种常用护具的佩戴方式。(图 6-10、图 6-11、图 6-12、图 6-13)

图 6-10　护踝

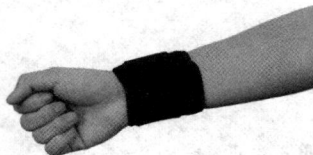

图 6-11　护腕

图 6-12　护膝

图 6-13　护腰

第七章

篮球运动游戏教学与创新

篮球游戏是篮球运动教学中的一项重要内容,也是吸引学生学习兴趣,调动学生参与积极性的一种重要教学手段。现代教学中,大量的趣味性游戏、专项训练类游戏和体能类游戏被引入到教学当中,本章将从游戏与篮球游戏、篮球游戏的价值和功能、篮球运动游戏创新的原则与方法和各类篮球游戏的介绍四个方面入手,在篮球运动教学中引入篮球游戏,以及教学者如何根据现有教学条件和学生能力为创新篮球游戏提供新的思路。

第一节　游戏与篮球游戏

　　游戏作为一种行为活动，是人类"玩"的天性和本能的体现，最初的"玩"多数是来源于人类的生产生活与实践，是一种无意识的、无规则的行为，成为了生产生活之外的一种娱乐方式。随着社会的发展，游戏的形式也在不断的演变，体育游戏也同样成为了生存技能展现和比拼的手段，它不仅体现着人类社会的发展进步，同时也扩展和延伸了人类的思维方式。追溯篮球运动的起源可以发现，篮球运动的发明同样是来源于游戏，篮球运动的发明者奈史密斯想设计一种可以在室内开展的、不用受外部气候变化影响的运动，他受到三个游戏的启发：一是他看到工人和小孩用球向装桃子的篮筐里做投准的游戏；二是他本人小时候在家乡玩的"打落野鸭子"游戏，即用石头向高处岩石的石块上抛掷；三是已有的运动，如橄榄球、曲棍球、足球等项目，最终设计出了以投掷的准确性作为一种记分规则来决定胜负的游戏项目，现代篮球就起源于此。

　　在现代社会中，游戏被赋予了更多的意义和形式，为了使学生能够了解篮球运动，从而热爱篮球，能够掌握篮球的基本技能，那么从篮球游戏入手建立学生与篮球之间的联系成为了一种好的手段和方式，篮球游戏也在篮球课程的教学中被体育教师广泛使用，极大地提升了学生对于篮球运动的兴趣。

第二节　篮球游戏的功能与价值

一、篮球游戏的功能

（一）能够促进学生心理发展

爱"玩"是人的天性，"玩"对于学生来讲就是创造一种轻松愉快的氛围，通过游戏可以满足自我在情感方面的需要，减少外在对自我的约束，可以帮助学生在游戏的环境中与他人建立一种联系，并在此基础上发展信任关系，展现出自己较为真实的运动状态，也便于教师了解学生基础的运动能力。

（二）促进学生运动能力的发展

篮球游戏不仅是带着学生玩，而且是将玩融入到运动当中，使学生在玩的过程中潜移默化地感受到运动的乐趣，进而发展学生的运动能力。篮球游戏仍旧是基于篮球运动相关的器材、场地等建立的游戏内容，通过由易到难、由简单到复杂的任务，使学生在游戏当中的运动能力得到锻炼，不断得到强化和提升，逐渐适应和达到篮球运动技能学习时所应具备的基本素质。

（三）促进学生学会尊重他人、遵守规则

篮球游戏，虽然仅仅是一个游戏，但是需要在一定的规则下完成，为了能更好地达到游戏的任务，体育教师会对学生进行分组，每个小组都要在规则允许的情况下开始游戏活动，且小组内部成员之间要密切配合，不能干扰其他小组成员，违反规则将会受到惩罚措施，影响团队的整体成绩，在学生参与游戏的过程中，主要是通过篮球游戏帮助学生意

识到并学会尊重他人,倾听他人的意见,遵守比赛规则。这也同样是参与篮球运动中运动员必须要具备的基本素养。

（四）促进学生之间的交流与沟通

篮球游戏为学生搭建了一个平台来促进不同小组成员之间的交流与互动,为了完成篮球游戏任务,需要队员之间多加交流、鼓励学生善于表达自己的观点,同时要学会倾听他人的想法和意见,在彼此沟通的过程中,帮助学生建立起对彼此的信任,可以有助于促进团队之间的默契配合,对于篮球运动的开展极其重要。

二、篮球游戏的价值

（一）提高学生对篮球的学习兴趣,丰富篮球课堂教学

当前学校体育教育的发展普遍面临的一个问题是"学生喜欢体育,但是不喜欢体育课",在课外活动中看到喜欢打篮球的学生比比皆是,但是一到课堂上学生就很难提起对课堂中篮球教学内容的学习兴趣,追根溯源,还是因为现有的体育课堂教学模式和教学内容无法满足学生学习的需要,学生在课堂上学习了单个技术,但仍旧无法参与到篮球比赛当中,自然就形成了一种恶性循环模式。然而,趣味性的篮球游戏却可以通过寓教于乐的形式,将篮球教学的内容融入到游戏环节当中,既丰富现有的篮球课堂教学形式,也可以通过多样化的游戏形式吸引学生参与,在参与的过程中培养和建立学生对于篮球技能学习的兴趣。

（二）提高学生的身体素质

众所周知,任何一项运动都需要良好的身体素质作为基础,但是身体素质的练习内容重复且枯燥,很多学生无法长久地、持续地坚持训练,通过设计一些与身体素质相关的专项游戏,比如:心肺耐力、柔韧、灵敏性等素质的游戏,让学生能够在快乐的氛围下完成一整套的训练活动,既可以设计专项身体素质的游戏,也可以融入多元化的、综合的身

体素质内容,总之要通过游戏的方式来达到提高学生身体素质的最终目标。

（三）培养学生的团队协作精神

篮球运动作为一项集体对抗类项目,除了球员本身能力发展之外,球队成员之间的密切配合也是篮球比赛中的制胜法宝,尤其是在球员个人能力特点不突出的情况下,球员之间、球员与教练之间的默契,是能否有效执行比赛战术的关键。因此,在篮球运动中,培养学生团队协作的精神是一项必备的素质,通过篮球游戏以分组的形式设置任务目标,推动小组成员之间相互了解、建立信任关系,团队成员协作配合完成游戏的任务,可以加深团队成员之间的情感交流与互动,篮球游戏成为了培养成员之间默契度、配合度的重要手段。

（四）培养学生的篮球技能

运动技能的掌握需要一个周期,从最开始的动作模仿到形成固定动作的肌肉记忆,再到熟练掌握和运用,需要上百次上千次的训练强化才能够形成,并且将技能运用到实战比赛当中,场上的情况是瞬息变化的,来不及思考,很多都是下意识的应激反应。但是,如果练习投篮技术,教师只是要求学生在篮筐下练习 200 个投篮,学生很快就失去了练习的兴趣,如果以篮球游戏的方式接力进行投篮,又在不同的小组之间建立比拼规则,学生基于对比赛的胜负欲和团队成员之间的配合,自然而然就会参与其中,一方面练习了投篮技术,另一方面也会在游戏的氛围中提高自己的篮球技能,对发展和培养学生的篮球技能起到重要作用。

（五）培养学生的竞争意识,建立正确的胜负观

竞争在社会上无处不在,在竞争的环境下人会产生更多的压力,有的人善于把压力变成一种动力,进而迸发出自己的潜能,有的人则容易被压力压垮,越有压力就会越紧张,从而导致原有的技术水平也难以发挥出来,下次遇到同样的事情,就会形成刻板的心理作用,逐渐在一次

又一次的失败中丧失自信。体育的竞技性就是有如此的魔力，通过篮球游戏，让学生感受到游戏中的竞争，也同时帮助学生正确看待胜负，培养学生形成"胜不骄、败不馁"的意志品质，使学生在未来的生活和工作中能够保持乐观向上的心态，从而感受到体育的魅力。

第三节　篮球运动游戏创新的原则

一、STEP 调试原则

STEP 模式是体育活动和游戏设计的实用框架。通过调整 STEP 模式中的四个要素，实现体育游戏和运动项目的结合与多样的变化，它的应用范围非常广泛，适用于不同能力等级的个体、不同的环境、不同任务和器材的配置，是设计篮球游戏时应该遵循的一个重要原则。

STEP 的四个构成要素：空间（Space）、任务（Task）、器材（Equipment）、人员（People）。

空间的调试：可以在游戏设计时调整空间距离（扩大或者缩小场地范围）、调整器材摆放的位置和游戏参与者与目标物的距离等来适应不同运动能力、不同学习阶段的学生，使其能够参与到篮球游戏当中。

任务的调试：以展现技能的方式作为游戏的任务，任务可以简化，减轻任务的难度，便于学生充分理解和参与其中；也可以将游戏复杂化，或者设置不同的游戏情景，采用闯关模式来调动学生参与的欲望，增加任务的难度和挑战性。

器材的调试：器材可以调试或者进行特殊的设计满足提升学生不同篮球运动技能的需求。

人员的调试：可以通过单人的或者分组的形式调整参与者之间的关系，平衡每个团队中学生的能力等级，使不同能力等级的学生都能最大限度地融入到团队当中。

二、五指原则

图 7-1　五指原则

篮球运动游戏的设计与开展,需要牢记"五指"原则:

第一条原则:安全。任何活动和游戏,安全是前提和保障,只有在安全的环境下,才能让更多的学生敢于参与。

第二条原则:有趣。游戏的核心是"玩",有趣的游戏环节设计和游戏内容是强有力的吸引力,才能吸引学生持续的参与和融入。

第三条原则:有承诺。游戏虽然不像正规的比赛一样严格,但是同样也需要有一定的规则和共同的行为规范,是学生对个人和他人的一种承诺,只有共同遵守,才能保证游戏的顺利进行。

第四条原则:让每个学生都融入其中。确保每一个学生都能融入到游戏的氛围当中,有强烈的参与感。

第五条原则:不落下任何一个学生。游戏的内容要充分考虑学生的特征和能力,并能根据学生的情况及时调整内容。

第四节　篮球运动游戏与创新方法

一、篮球运动的趣味性游戏

（一）游戏概述

趣味性游戏设计的意义在于通过趣味性游戏，首先是让学生能够参与到集体活动当中来，在轻松愉快的氛围下，感受运动带来的乐趣，并逐渐培养学生对于篮球运动的感知，激发学生对于篮球运动学习的兴趣，同时提升学生的体能，为篮球技能的学习打下基础。

（二）游戏介绍

1.持球接力赛

（1）游戏目标

体能目标：通过游戏锻炼学生持球和平跑的稳定性、行进间身体控球的能力，提高学生身体的灵敏性，从而达到增强学生体质的目标。

情感目标：以分组的形式，提高学生游戏的参与度，促进学生的团队融入，培养学生乐观积极的心态和团队配合的意识。

（2）游戏准备

场地：根据参与学生人数的多少，选择使用半个篮球场或整个篮球场。

器材：篮球若干、标志桶若干。

裁判员：体育教师1名，助理裁判若干。

（3）游戏方法

按照学生的人数、男女生比例和学生运动能力等级情况,将学生分成几个小组,每个小组的学生在篮球场的底线后依次排好队准备好,第一个同学双臂各夹一个篮球,同时双手持球,当裁判员发出游戏开始的指令时,快速向标志桶跑去,绕过标志桶后返回至起点,协助第二个同学将球夹好,到队尾排队等候。第二个同学按照同样的方法依次完成游戏,后续以此类推。

（4）游戏规则

小组的同学只能在底线外交接球,如果在底线内交接视为犯规,要重新回到底线后完成交接球。

球如果掉落,需要从球掉落的地方原地夹好球才能继续比赛。

用时最少的小组获胜。

不能相互冲撞。

（5）游戏创新策略

调整器材:可以将篮球换成更小的网球等器材增加难度,或者将篮球和网球交替作为游戏器材使用。

调整空间:可以扩大学生与中场障碍物之间的距离。

调整任务:可以调整游戏规则,如果球落地即从底线外重新开始游戏。

（6）提示

学生在奔跑过程中容易摔倒,教师要提醒学生们避免摔倒。

2. 篮球打板接力

（1）游戏目标

体能目标:通过空中起跳打板培养学生的弹跳能力和对身体的控制能力,增强学生的体质,强化篮球运动的专项能力。

情感目标:规范学生的体育运动行为,提高学生理解规则、运用规则的能力,锻炼学生的专注力,培养学生团队协作配合的意识。

（2）游戏准备

场地:根据学生的人数,选择用整个篮球场或者半个篮球场。

器材:篮球、秒表若干。

裁判员:体育教师 1 名,助理裁判若干。

（3）游戏方法

按照学生人数、男女生比例、学生篮球运动能力将学生尽可能平均分成几个小组，小组成员依次站在篮筐下，第一个同学持球，当裁判宣布游戏开始后，第一个同学持球把球击打在篮球板上，击打后快速离开，第二个同学用同样的方法，在空中跳起接球后在空中直接把球击打在篮板上，所有的学生集中注意力注视前方同学的动作，同时做好接球准备，并依次重复前面学生的动作。

（4）游戏规则

所有同学一起计数，中间不掉球做到30个即算完成，用时最短的小组获胜。

球不能落地，如有掉球，游戏重新开始。

学生接球后必须在空中完成击打篮板的动作，不能脚落地。

球必须击打到篮板才算完成。

（5）游戏创新策略

调整任务：如果学生年龄较小无法在空中完成接力跳，可以接到球落地后再跳起把球击打到篮板上。

调整空间：如果学生，特别是女生跳起来无法击打到篮板，可以选择更换一个器材，或者调整篮板的高度，避免学生因无法达标失去对游戏的信心。

（6）提示

学生跳起后落地容易发生站立不稳或者崴脚的情况，应提醒学生做好防护。

建议在游戏开始前，由体育教师和助理教练配合进行游戏动作示范。

给学生一定的时间让其熟悉游戏规则，可以进行1—2次预演。

3. 双人传球接力

（1）游戏目标

体能目标：通过传接球跑动，增加学生传球和接球时的手感，同时锻炼学生的灵活性、手脚协调配合的能力，增强上下肢的力量。

情感目标：通过分组传接球，建立学生之间的默契配合，以接力比赛的形式提高学生对游戏的专注力，能够合理运用比赛策略，充分发挥团队成员各自的优势,不落下每一个学生。

（2）游戏准备

场地:篮球场地 1 块、场地标志线若干。

器材:篮球若干。

裁判员:体育教师 1 名,助理裁判若干。

（3）游戏方法

将所有的学生随机分配成人数均等的小组,每个小组的成员两两一组配合,再分成两组分别站在篮球场两侧的底线后,当裁判吹哨游戏开始,每个小组第一组的成员以传接球跑动的方式快速向另一侧底线移动,并在标志线的指定区域完成传接球动作,直到到达对向底线后再将球传给第二个接力小组,第二组成员以同样的方式继续向对向底线传接球移动,依此类推,直到比赛结束,用时最短的小组获胜。

（4）游戏规则

在传球过程中,球不能落地,球一旦落地,将回到底线重新开始游戏。

在比赛过程中不能干扰对手的比赛。

传球时必须采用胸前传球,接球时必须采用头顶位置接球。

在跑动过程中,必须在标志线区域完成传接球。

（5）游戏创新策略

调整任务:可以根据球员任务的完成情况调整任务,比如取消对传接球动作的限制;或者增加任务难度,采用击地传球的方式完成动作;也可以将游戏调整为 3 局 2 胜制。

调整空间:可以对传接球的区域大小进行限制,从一组完成 2 次传接球增加到 6 次,锻炼学生快步急停和动作转换之间的灵敏性。

（6）提示

提醒学生快速跑动过程中注意安全,集中注意力,以免造成意外受伤。

建议每个小组成员之间先互相进行了解,合理分配组员的先后上场顺序。

通过游戏了解学生对篮球运动的熟悉程度,后续加强对能力较弱同学的强化练习。

在每一次比赛后组织学生反思和总结经验,并在后续的比赛中加以改进。

4. 开火车

（1）游戏目标

体能目标：增强学生的体质，提高学生左右手的球性和球感，提高学生身体的机敏性。

情感目标：通过团队协作完成动作，培养学生积极向上的团队合作精神，提升学生的集体荣誉感、树立担当意识。

（2）游戏准备

场地：根据学生人数多少可选择一个篮球场或者半个篮球场。

器材：每个学生人手一个篮球。

裁判员：体育教师1名，每个小组选派1名助理裁判。

（3）游戏方法

将学生分成若干小组，所有小组成员按照身高大小排列，选择一个排头作为"火车头"，后面的学生把左手搭在前面学生的左肩上，同时右手运球。游戏开始时，"车头"不管向哪个方向跑，后面的车厢都要紧跟不能掉队，同时所有的学生在跑的过程中还要运球，看看哪一组的火车跑得整齐，同时又跑得有创意、有趣味。

（4）游戏规则

跑动的过程中必须是运球跑，不能持球跑。

不能与其他"小火车"交叉。

车厢不能中途断节。

（5）游戏创新策略

调整任务：可以根据学生情况调整任务难易程度，比如刚开始可以不搭前面学生的肩膀跑动、可以增加左右手同时运球的环节等。

调整空间：调整学生跑动的距离和方向，可以设置一定的障碍物，改变运动的方向。

（6）提示

在跑动过程中容易互相碰撞，提醒学生机智跑动。

为避免小火车在场地里面交叉，可以跑出圈。

提醒学生运球之间的配合，节奏要一致。

二、篮球运动的专业性游戏

（一）传接球类游戏

作为篮球运动中一项重要的进攻技术,传球和接球技术的全面性和熟练度是决定一个球队能否串联成一个整体,发挥出集体中每个位置球员优势打法的保障。传接球技术运用水平的高低,反映了球员的篮球意识、整体观念和团队协作精神,也直接影响队员能否准确有效地执行教练员布置的战术,从而最终影响比赛的胜负。通过设计以传接球技术为主的专业性篮球运动游戏,促进学生对该项技术的掌握,并在平常训练的游戏中,提高学生临场应变的技术运动能力,培养学生的传接球意识、扩大学生在球场中的视野,加强团队之间的协作配合,进而提升整体的能力。本节将为大家列举一些常见的传接球技术游戏,并提供游戏创新的方法和策略,为日常教学提供一些参考的游戏案例。

1. 两人传两球

（1）游戏目标

技能目标:通过不同的传接球方式,使学生能够熟练各种传接球技术,提高对篮球的控制能力,同时强化学生在比赛中的专注力。

情感目标:通过两两配合的形式,增加学生之间的协作配合。

（2）游戏准备

场地:篮球场一个。

器材:人手一个篮球。

裁判员:体育教师 1 名。

（3）游戏方法

将学生随机分成两人一组,每个手持一个篮球相对站立,两个人同时以裁判员规定的传球方式将球传给对方,双方在传球出手的同时要做好迎接对方来球的准备。在规定的时间内,连续传接球次数越多的小组获胜。

（4）游戏规则

传接球次数的计算是从其中一人开始,同时成功完成一接一传的动作计为一次。

在传接球过程中,如果出现失误,或者球落地,前面所有的计数清零,重新开始计算。

比赛过程中,裁判员有3次更换传接球技术动作的口令,口令发出后,必须立即执行,否则不计数。

（5）游戏创新策略

调整任务:根据学生对传接球技术的掌握程度决定传球方式,可以两人同时采用胸前传球,也可一人双手头上传球,一人胸前传球;也可两人单手体侧传球、或单手低手传球、或原地推拨传球,裁判员可以通过口令更换传球方式。

调整空间:可以调整两个传接球学生之间的距离,由近及远,逐渐增加难度。

（6）提示

提醒学生在传球过程中注意对球的控制。

提醒学生在游戏过程中集中注意力,听裁判员的口令。

2. 原地跳传

（1）游戏目标

技能目标:提高学生的弹跳能力、锻炼学生在弹跳过程中传球和接球的能力。

体能目标:发展学生的下肢力量。

（2）游戏准备

场地:篮球场地一个。

器材:两人一个篮球。

裁判员:体育教师1名。

（3）游戏方法

将学生随机分成两两一组,一组一个篮球,且要求队员之间相隔4米面对面站立。当裁判下达游戏开始指令时,左侧小组成员持球原地跳起,跳起后在空中完成传球动作后落地,同组接球队员注意力集中,盯住对方来球,原地起跳在空中完成接球动作,同时在空中把球再回传给对方,如此反复进行传球和接球动作,直到完成裁判员规定的次数要求,用时最短完成的小组获胜。

（4）游戏规则

要求学生只能在空中完成传球和接球动作,否则视为失误不计数。不能降低传球的难度。

（5）游戏创新策略

调整任务:可以根据学生能力调整任务难度,比如,计算学生在规定时间内失误少的小组获胜;能力弱的学生,可以完成接球后落地,重新起跳传球;或者增加难度,一旦出现传接球失误,计数清零,游戏重新开始。

调整空间:调整两位球员之间的距离,可以通过缩短和增加距离改变游戏的难度。

（6）提示

空中起跳落地时容易出现崴脚情况,提醒学生做好运动前的准备活动,游戏过程中要集中注意力。

注意两两之间的协作配合,以免误伤。

3. 运球 + 传球接力

（1）游戏目标

技能目标:提升学生的球感,发展学生传接球能力,强化学生行进间运球技术与传接球技术的转换,使其综合运用所学技术,在比赛和游戏中能够灵活运用。

情感目标:培养学生的篮球意识,扩大在比赛中的视野范围,加强与团队其他成员的协调配合。

（2）游戏准备

场地:一个完整的篮球场地。

器材:四个篮球。

裁判员:体育教师 1 名,助理裁判 4 个。

（3）游戏方法

教师将学生分成人数相等的四个小组,分别排成纵队站在篮球场的四个场角,各组排头的学生手持一个球。当裁判员发出游戏开始指令时,各组的第一个成员同时向中圈运球,当球运至中圈后,立即转身,用裁判员的规定动作把球原地传给本组的下一位学生，然后迅速返回至队尾；第二位学生接球后，以同样的方式将球运到球场的中圈位置，然后迅速转身原地传球给下一位，并自行移动至队尾，后面的队员依次进行，直到全队每人完成一次运球和传球，速度最快、用时最少的球队获胜。

（4）游戏规则

运球人必须将球运至中圈，且本人双脚进入中圈才能把球传给下一位学生。

必须是原地传球，否则视为传球失误。

接球人必须在指定区域内接球，不能离开，否则同样视为失误。

裁判员判定失误的传接球，需要失误的2人移动至队尾，最后重新做一次，计入总时长。

（5）游戏创新策略

调整任务：根据学生的能力改变任务要求，如传球时，可以采用击地反弹接球的方式。

调整空间：可以调整学生运动距离的长短，通过标志桶限制距离，降低难度。

（6）提示

提醒各组学生运球至中圈时不要发生身体碰撞，以免受伤。

规定每个小组完成传球队员移动至队尾的路线，不要影响其他小组成员的比赛。

传球失误球员要自觉站到指定位置，完成后续的比赛。

4. 坐地传接球

（1）游戏目标

体能目标：发展学生的上肢力量。

技能目标：帮助学生熟悉传接球的技术动作。

（2）游戏准备

场地：篮球场或者平整的空地一块。

器材：两人一个篮球。

裁判员：体育教师1名。

（3）游戏方法

将学生两两分成一组，面对面坐在地上，双腿伸直，两人的双脚脚掌相抵。裁判员宣布游戏开始时，小组内两人坐在地上，以规定的传接球方式连续对传，按要求完成规定的次数，用时最短的获胜。

（4）游戏规则

传接球次数的计算以其中的一人为准。

传接球出现失误，计数累加计算。

在整个游戏过程中，两人必须双腿伸直，脚掌相对，否则视为犯规，此前的计数取消。

（5）游戏创新策略

调整任务：可以改变传接球的方式（如双手胸前传球、双手头上传球等等）；可以调整计数的方式，分小组最后计算全队的成绩。

调整空间：调整两人之间的距离，可以以脚掌对抵住标志桶等；允许学生在指定的区域内移动接球等。

（6）提示

坐地传接球时，谨防腰部扭伤。

传接球时注意做好对手指和手腕的防护，以防肌肉挫伤。

（二）运球类游戏

所谓运球是指运动员在原地或者在行进过程中采用单手拍球，球借助地面反弹起来的过程。运球作为篮球运动的一项基本功，既是一项进攻技术，也是各种综合性技术动作的重要构成，在持球状态下，合理运用运球技术，如果能够突破对手的防守，可为团队创造更加有利的进攻机会；但是如果不合理运用，则有可能贻误战机，导致全队的进攻遭到破坏。

众所周知，在篮球运动的众多技术中，运球技术的发展并不是和篮球运动同时出现的技术，运球技术起步晚、动作方式少，然而随着现代篮球运动的快速发展，运球技术逐渐成为了如今教练员和体育教师开展教学训练，建立和培养学生篮球意识、树立团队整体观念的一个重要技术，可以说运球技术串联起了整个篮球比赛的过程。运球技术动作的培养离不开三个技术动作结构：身体姿势、拍球与传送球、脚步移动，最重要的是培养学生运球时对球的控制能力。本部分内容将重点介绍几个提高手对篮球控制、抬头运球、手脚协调一致的游戏。

1.运球绕场地接龙

（1）游戏目标

技能目标：增强学生对球的手感、提高学生快速运球和手脚协调能力。

体能目标：提高学生手指手腕的灵活性，锻炼下肢力量。

（2）游戏准备

场地：篮球场或者空旷的场地一块。

器材：4个篮球。

裁判员：体育教师1名。

（3）游戏方法

根据学生人数将学生分成四个小组，按照规定的队列站好，各组的1号学生持球，当裁判员宣布比赛开始时，1号学生运球绕场地边线跑完一圈，回到起点后将球传给2号，2号按照同样的方式运球绕场地一圈后将球传给3号，后续依此类推，看哪个队在最短的时间内完成接力赛。

（4）游戏规则

队员在运球过程中不能出现失误，若运球失误则需要回到起点重新开始。

队员必须按照场地边线绕一圈，不能更改路线。

（5）游戏创新策略

调整任务：

可以在运球的边线处设置标志桶作为障碍物，需要绕过标志桶运球。

可以让学生先顺时针绕场地一圈后，再逆时针绕场地一圈。

可以增加投篮环节，在运球绕场地过程中增加投篮环节，将投篮命中率作为加分项。

（6）提示

提醒学生运球过程中各组队员之间要避免身体碰撞，以免造成伤害。

2. 运球与护球

（1）游戏目标

技能目标：帮助学生熟悉球性，提升学生对于球的控制和支配能力、锻炼学生保护球的意识和能力。

情感目标：帮助学生建立如何在比赛中扩大视野、寻找合适机会的能力。

（2）游戏准备

场地：篮球场或者空旷场地一块。

器材：人手一个篮球。

裁判员：体育教师和助理裁判若干。

（3）游戏方法

为所有的学生各发放一个篮球，将学生分散于半场内，当裁判员宣布游戏开始时，学生可以自由运球行走，同时可以找寻合适的时机伸手拍打周围同伴手里的篮球，同时更要注意防护好自己的球不要被其他人拍打，所有被他人拍打到篮球并导致其运球失误的学生将视为游戏结束，最终直到剩下最后一个人为止，游戏结束。

（4）游戏规则

游戏开始后学生必须开始行进间运球，不能原地运球或者静止不动。

被拍打的学生如果手和球没有完全分离，可以继续游戏。

如果球被拍掉，则被拍者必须自行出局。

游戏过程中不能出现身体碰撞。

（5）游戏创新策略

调整任务：可以将学生分组，在规定的时间，拍中他人球一次记一分，最终计算总得分。

调整空间：可以将游戏场地扩大为全场，增加游戏中人员的跑动。

（6）提示

游戏过程中提醒学生避免身体碰撞，避免造成伤害。

运球过程中避免将球砸向他人，如遇到此类情况，直接出局。

3. 直线和变向运球接力

（1）游戏目标

技能目标：提高学生高运球、低运球转换的能力、锻炼学生在快速移动过程中变向运球的能力、强化学生转身动作的准确性。

（2）游戏准备

场地：篮球场或者空旷场地一块。

器材：篮球两个、标志桶若干。

裁判员：体育教师 1 名。

（3）游戏方法

根据学生的人数将学生分成两个小组，成两列纵队面向场地内站立于同一侧球场端线外，两个小组的排头各持一球。当裁判员发出游戏开始的指令时，1 号队员快速运球起动，将球运到对侧端线，在前半场采用高运球，过半场线以后迅速转变成低运球，到达端线后转身原路返回，返回时采用体前换手变向的方式将球运至中圈后从左侧绕过标志桶，随后采用快速变向运球，运至起点后将球以手递手的方式把球交给 2 号队员，2 号队员接球后按照 1 号队员的操作继续完成任务，直到全队队员每人轮流完成一次，速度越快，用时越短的小组获胜。

（4）游戏规则

将球场分为四个区域，每个区域都要按照指定的运球技术完成任务。

运球过程中如果技术动作有误，需要回到起点重新开始。

（5）游戏创新策略

调整任务：可以将直线运球和变向运球技术分成两个任务，从简单到复杂逐步完成。

（6）提示

游戏开始前，需要对所用的技术动作再次进行讲解，便于学生理解。

游戏结束后组织学生总结，发现学生在运球技术学习和运用中的问题，帮助学生及时纠正。

（三）投篮类游戏

投篮,既是篮球运动的一项重要技术,也是篮球比赛中重要的得分手段,投篮的命中率是决定一场球赛胜负的关键。投篮命中率的高低取决于队员对于投篮技术掌握的熟练程度、在复杂比赛状况下的出手状态以及在关键分罚球时的心理状态,这些因素都在很大程度上影响着队员投篮的命中率。在篮球教学与训练当中,教会队员掌握规范的投篮动作,学会合理控制球、灵活支配球、不断调整投篮动作,是力量、速度、方向、角度多因素综合的结果,才能保证队员投篮出手时动作的连贯性、协调性和整体的发力状态,也就是教练常说的"出手便知有没有"。在篮球游戏中,设计多样化的投篮游戏,主要在于增加学生投篮技术动作训练的次数,提高投篮的质量和命中率,最终实现投篮技术与其他技术动作之间的连贯配合运用。

1.罚球接力

（1）游戏目标

技能目标:通过原地投篮的训练,强化学生投篮技术动作,提高动作的质量和规范性,进而达到提升学生投篮命中率的目标。

体能目标:锻炼学生的上肢力量,以及手腕、手指的灵活性。

（2）游戏准备

场地:标准篮球场地一个。

器材:篮球两个。

裁判员:体育教师1名,2名助理裁判。

（3）游戏方法

将学生分成数量相等的两个小组,两组的学生排成纵队,面向篮筐,站立于罚球线后,每个小组的1号学生持球。当裁判员宣布游戏开始,1号学生开始罚球,每个人有三次罚球机会,三次过后投篮的学生自己去抢篮板球,然后把球传给2号学生,依次循环操作,直到全组所有的成员都投篮出手3次,累计投中个数多的小组获胜。

（4）游戏规则

每次投篮后都要自己去抢篮板球,然后继续下一次投篮。

如果抢篮板球出现失误,则在全组的总分中扣掉一分。

投篮方式随机,学生可以自选。

（5）游戏创新策略

调整任务：

可以采用计时的方式,比学生在规定时间内投篮的命中率。

可以规定投中的数量,比哪个小组在最短的时间内完成。

也可两两一组,其中一人罚球,另一人抢篮板后直接投篮,看哪个小组投篮命中率高。

（6）提示

如果时间允许建议每次给学生多一些的投篮机会,可以让学生找一找投篮的感觉。

教师要观察投篮命中率低的学生的动作规范性,及时给予纠正。

赛后组织学生进行反思,帮助学生建立规范的动作技术学习过程。

2.折返跑跳投

（1）游戏目标

体能目标：增强学生的上下肢力量,提高学生整体的身体素质。

技能目标：提高学生在快速移动状态下对球的掌控能力和跳投的准确性。

（2）游戏准备

场地：标准篮球场地一块,在球场同一半场的罚球弧线两侧,与篮框成60度的夹角为止各画一个直径为一米的圆圈。

器材：篮球两个,分别放置于圆圈当中。

裁判员：体育教师1名,助理裁判2名。

（3）游戏方法

教师将所有的学生分成人数相等的2个小组,排成纵队面向篮筐站立于中场线后面,当裁判员宣布游戏开始后,每个小组的1号球员从中场线快速起动跑至端线后急停,用单手触端线后迅速折返,跑至圆圈内持球做原地跳投,不管是否命中都要自己去抢篮板球,抢到球后把球放回到圆圈内,然后迅速跑回起点与2号队员击掌后跑到队尾,2号球员重复 1 号队员的操作步骤,依此类推。直到在规定的时间内,哪个球队投中的次数多即获胜。

（4）游戏规则

队员拿到篮球后必须在圆圈内原地跳投,否则投中无效。

投篮后必须自己跳起抢篮板,不能等球落地后捡球,否则得分无效或者扣一分。

球必须放回圆圈内,如果球滚出去则重新放一次。

折返跑时必须用单手触摸端线后才能返回,否则回到起点重新开始。

两个队员交接时必须以击掌为信号。

（5）游戏创新策略

调整任务:增减任务的难度,可将原地跳投动作改为行进间投篮或者原地投篮。

调整空间:可以增加学生跑动的距离。

（6）提示:

关注学生在游戏中急停动作、跳投动作的规范性和准确性,及时对错误动作进行纠正。

比赛后开展反思与总结,了解学生在快速运动中投篮时的问题,帮助学生解决。

3. 三分命中赛

（1）游戏目标

技能目标:提高学生三分球的投篮命中率。

情感目标:加强对学生心理素质的锻炼,提升学生在复杂多变的比赛中投中三分球的概率,帮助学生及时调整比赛心态。

（2）游戏准备

场地:标准篮球场地一块。

器材:篮球若干。

裁判员:体育教师 1 名。

（3）游戏方法

教师将学生分成人数相等的两个小组,在篮球场的两个零度角三分线外排成一列纵队,排头的 1 号球员持球,当裁判员吹哨宣布比赛开始后,甲组的 1 号队员投篮,紧接着乙组的 1 号队员投篮,然后甲 2、乙 2,依此类推,每位队员投篮后迅速抢完篮板球通过传球的方式交给下一位队员,并快速移动至队尾。直到一方领先 5 个进球的小组获胜。

（4）游戏规则

每组的队员按顺序排好后,比赛途中不得随意换位。

每个队员一次投篮结束后必须回到队尾。

（5）游戏创新策略

调整任务:可以给每位队员三次投篮机会,锻炼学生投篮的手感。

调整空间:可以安排在非零度角的位置投三分。

（6）提示

通过游戏让每个学生找到投三分球的感觉,并找到适合自己投篮的位置与角度。

如果学生一次未命中,帮助学生调整心态。

4. 坐地投篮比赛

（1）游戏目标

体能目标:锻炼学生的上肢力量,体会上肢用力投篮的感觉。

技能目标:规范学生投篮手臂动作,帮助学生建立动作的一致性。

（2）游戏准备

场地:篮球场一个。

器材:篮球若干。

裁判员:体育教师 1 名,2 名固定捡球人员。

（3）游戏方法

将学生分成两组后,排成一列纵队坐在离篮筐 2—3 米 45° 的位置,每人手持一球。当裁判员宣布比赛开始后,两队学生坐在地上交替投篮,每位队员有三次投篮机会,投篮结束后快速移动至队尾,如此往复,总进球数最多的小组获胜。

（4）游戏规则

必须坐在地上投篮,用上肢的力量将球投出。

不得使用推球和抛球动作,否则进球无效。

（5）游戏创新策略

调整任务:可以从投篮击中篮板、到击中瞄准框、再到击中篮筐、最后到投篮入筐,任务由易到难,主要还是让学生体会上肢发力投篮的感觉。

调整空间:可以降低篮筐的高度,在学生逐渐找到上肢发力投篮的感觉后,逐渐增加篮筐的高度。

(6)提示

教师注意一开始不要把任务设计得过难,明确游戏的目标是锻炼学生上肢发力的感觉,如果一味强调投篮的命中率,可能会打击一部分学生的信心,导致其参与游戏的积极性降低。

可以建立小组之间的交流与帮扶环节,增加队员之间的感情与互动。

三、篮球体能训练类游戏

(一)体能训练类游戏的意义

篮球运动作为一项身体对抗性极强的运动项目,对于学生的身体素质要求也更加严格。球队中队员的技术和战术是赢球的重要因素,除此以外,队员在平时的身体素质训练和心理抗压能力训练也是在瞬息万变的比赛中赢球的关键影响因素。因此,通过设计一些体能训练为主的篮球游戏,将一般身体训练和专项身体训练结合在一起,全面提升学生身体和心理素质,同时使学生在轻松的氛围下强化体能,是现代篮球运动教学中常用的一些教学手段。下面重点介绍几个不同的篮球游戏,为后续教学工作的开展提供参考的设计思路。

(二)游戏介绍

1. 夹球跳接力

(1)游戏目标

体能目标:提高学生的双脚跳的能力,同时增强学生的下肢力量。

情感目标:使学生在游戏中找到运动的乐趣,培养学生参与体育的意识。

（2）游戏准备

场地：篮球场或者空旷的场地一块。

器材：篮球 2 个，标志桶若干。

裁判员：体育教师 1 名。

（3）游戏方法

将学生分为 2 个小组排成 2 列纵队站在场地两侧的底线外，当裁判员宣布比赛开始时，场地一侧排头的队员用双腿夹球，采用双脚跳的方式，绕过障碍物后到达另一侧底线，与底线队员击掌后将球手递手传给下一个接力的队员，队员接球后采用同样的方式夹球跳至另一侧底线，依此类推，最先完成接力且用时最短的小组获胜。

（4）游戏规则

夹球双脚跳的过程中，球不能掉落，如果掉落回到起点重新开始。

夹球队员跳到终点后，须采用手递手的方式将球交给下一个队员，下一个队员必须夹好球后才能起动，否则回到起点重新开始。

（5）游戏创新策略

调整任务：可以将迎面接力改为折回接力；可以采用夹球走的方法；也可以增加任务难度，脚夹球，手抱球。

调整空间：队员夹球跑动的距离可以根据队员情况进行适当的调整。

调整器材：可以把篮球换成气排球、气球和网球。

（6）提示

此游戏设计要由易到难，增加学生参与的乐趣。

2. 推小车

（1）游戏目标

体能目标：增强学生腰腹的核心力量和上肢力量。

情感目标：培养学生团队协作的能力，建立学生之间的默契配合，增进了解，加深感情。

（2）游戏准备

场地：篮球场或者空地一块。

器材：无。

裁判员：体育教师 1 名。

（3）游戏方法

把学生两两分组，采用前后间隔半米的距离站立于球场一侧的底线后，前面的学生双手撑地，抬起双脚，呈俯卧状态，此时后面的学生抬起前面学生的双脚，前面的学生必须双手压在底线上，当裁判员宣布比赛开始后，各组同时起动，前面的学生以手代步，双手交替往前走，后面的学生用双脚向前行走，当二人行驶到对侧底线时，角色互换，再继续推小车回到起点，用时最短的小组获胜。

（4）游戏规则

推车人要配合前面"车"的动作，不得用力往前推或者往后拉。

如果二人在中途行驶中突遇翻车状况，必须在原地接好后才能继续游戏。

到达对侧底线时，必须"车"的一手触及底线才算成功，否则要重来。

（5）游戏创新策略

调整任务：可以采用推小车接力的形式进行比赛；可以增加学生折返的次数。

调整空间：可以根据学生的情况增减行车的距离。

（6）提示

比赛前对学生进行安全教育，以免在用手行走过程中造成手腕受伤。

提醒学生控制行车速度，不要过于求快。

3. 突出重围

（1）游戏目标

体能目标：提高学生的对抗力量、临场应变的能力和灵活性。

情感目标：培养学生团队合作的意识，增强学生的集体观念。

（2）游戏准备

场地：篮球场或者空地一块。

器材：无。

裁判员：体育教师1名。

（3）游戏方法

将学生分为人数相等的两个小组，其中一组队员相互握手腕站成一圈，将另一组队员全部围在圆圈内。当裁判员宣布游戏开始时，圆圈内的队员要设法突出重围，围圈的小组队员要设法阻止圈内的学生向外突围,在规定的时间内,双方小组交换角色,在一个回合结束以后,通过计算双方突破包围圈的人数多少,人数越多的小组获胜。

（4）游戏规则

围圈的队员可用握住的手拦住对方,但是不能松开手去抓对方队员,否则视为犯规,判对方突围成功。

圈内的同学不能用手拉开包围圈队员的手腕,必须使用步法移动突破,否则视为犯规,判突围无效。

（5）提示

提醒学生在突围过程中要注意安全,不要误伤他人;

允许圈内成员讨论突围策略,战略性突围。

4. 火车赛跑

（1）游戏目标

体能目标:增强学生的下肢力量、锻炼学生的动作协调性。

情感目标:培养学生建立团队合作的意识,充分发挥团队成员中每个人的优势。

（2）游戏准备

场地:篮球场或者空地一块。

器材:无。

裁判员:体育教师1名。

（3）游戏方法

将所有的学生随机分配成人数相等的两组,每个小组的队员排成一列纵队站立于球场同一侧的底线外,要求小组中每个成员都要把自己的左脚伸出来,由前面的队员用左手兜住后面队员伸过来的左脚脚踝,同时将自己的右手搭在前面队员的右肩上。注意每组中排头的队员不用伸脚,从而组成一列"火车"。当听到裁判员发出的口令后,全队按照同一个节奏向前跳动,直到排尾队员到达另一侧底线后,游戏结束。比赛中用时最短的小组获胜。

（4）游戏规则

如果"火车"在行进过程中遇到"断尾"或者"翻车"的现象,小组内所有队员必须原地等待,等火车接好后游戏方能继续。

"火车"必须完整到达终点才能计算成绩。

（5）游戏创新策略

调整任务：可以要求火车返回，返回时交换支撑脚，增加游戏任务难度；也可以将游戏调整为排头达到终点即为获胜，降低任务难度。

调整空间：根据学生的年龄、身体水平等选择火车行进距离的长短，可以及时调整。

（6）提示

提醒学生行进过程注意安全，不要高举后面队员的腿，以免拉伤。

提醒学生在游戏开始前先对本组成员的基本情况进行摸排，合理选择队首和队尾。

参考文献

[1] 尚仲辉. 篮球竞赛规则的演变对篮球技战术和篮球文化影响研究 [D]. 西安：西安体育学院，2021.

[2] 黄燕南，谢敏，黄永飞. 近 10 年篮球规则演变对篮球运动教学的启示 [J]. 体育科技文献通报，2021，29（3）：35–37+80.

[3] 王桥. 关于我国体育院系篮球普修课教材中进攻技术范型与变式确立的研究 [J]. 科技信息（科学教研），2008，269（21）：199–200.

[4] 周光德. 浅谈高校篮球教学中学生战术意识的培养 [J]. 当代体育科技，2013，3（10）：69–70.

[5] 王晓东. 对篮球技战术分类体系演进与重构的思考 [J]. 中国体育科技，2005（02）：52–54.

[6] 刘小莲，姜元魁，江明世. 论系统论视角下的篮球运动基本规律 [J]. 山东体育学院学报，2005（5）：97–98+101.

[7] 杨桦，姜登荣. 篮球运动的起源及其在中国初期发展的历史考略 [J]. 成都体育学院学报，1997（1）：32–36+86.

[8] 李辅材，文福祥，钟添发. 中国篮球学派的形成及其发展 [J]. 武汉体育学院学报，1990（3）：5–11.

[9] 陈庆熙，陈荔妮. 中国篮球百年历史回顾 [J]. 吉林师范大学学报（自然科学版），2009，30（2）：151–154.

[10] 苏肖晴. 从体育邮票的发行状况看新中国 60 年体育发展轨迹 [J]. 福建警察学院学报，2010，24（4）：108–112.

[11] 高瞻，刘晓华. 我国篮球教学理论的发展与特征研究 [J]. 首都体育学院学报，2003（3）：61–63.

[12] 曹月柱. 习近平关于人民健康重要论述的思想内涵及其价值 [J]. 思想政治课研究，2020，242（2）：42–47.

[13] 许奋奋. 大学生篮球运动员能量代谢与能力训练的探讨 [J]. 河

北师范大学学报(教育科学版),1998（4）：397-398.

[14] 韩秀银.试析篮球运动的供能特点和科学训练 [J].吉林教育,2010（17）：54.

[15] 左明雪.人体解剖生理学 [M].第 3 版.北京：高等教育出版社,2015.

[16] 王瑞元,苏全生.运动生理学 [M].北京：人民体育出版社,2011.

[17] 陈琦,刘儒德.当代教育心理学 [M].第 3 版.北京：北京师范大学出版社,2019.

[18] 全国十二所重点师范大学联合编写.教育学基础 [M].第三版.北京：教育科学出版社,2014.

[19] 裴娣娜.教学论 [M].北京：教育科学出版社,2007.

[20] 彭聃龄.普通心理学 [M].第 5 版.北京：北京师范大学出版社,2019.

[21] 张力为,毛志雄.运动心理学 [M].北京：高等教育出版社,2007.

[22]《社会学概论》编写组.社会学概论 [M].第二版.北京：人民出版社,2020.

[23] 郑杭生.社会学概论新修 [M].第二版.北京：中国人民大学出版社,2019.

[24] 小野秀二著；姜中乔译.篮球训练 100 课 [M].长春：吉林科学技术出版社,2012.

[25] 张斌.高校体育篮球教学改革研究 [M].北京：北京出版社,2021.

[26] 芦军志,宋君毅,等.篮球运动实用教程 [M].北京：北京体育大学出版社,2014.

[27] 全国体育院校教材委员会审定.篮球运动高级教程 [M].北京：人民体育出版社,2000.

[28] 中国国家体育总局.中国体育教练员岗位培训教材 [M].北京：人民体育出版社,2000.

[29] 中国篮球协会.中国篮球教练员岗位培训 A 级教程 [M].北京：人民体育出版社,2007.

[30] 日高哲郎主编；陈希译.图解篮球个人技术：基础训练 180 项

[M]. 北京：人民邮电出版社，2016

[31] 陈钧,郑钢,等.篮球[M].南京：江苏科学技术出版社,2008.

[32] 王家宏.新中国篮球运动发展史[M].北京：人民体育出版社,2004.

[33] 于振峰,韦内灵.篮球[M].桂林：广西师范大学出版社,2000.

[34] 朱明江.高校篮球运动教学开展的理论与实践[M].北京：中国水利水电出版社,2017.

[35] 张秀梅.篮球运动基本技术教学与训练[M].长春：吉林人民出版社,2021.

[36] 孙锡杰.多维视角下的高校篮球教学体系研究[M].广州：广东人民出版社,2021.

[37] 郭永波.篮球运动教程[M].北京：北京体育大学出版社,2005.

[38] 刘青松.高校篮球运动教程[M].北京：中国水利水电出版社,2015.

[39] 唐建倦.现代篮球运动教程：理论·方法·实践[M].广州：华南理工大学出版社,2014.

[40] 胡安义,肖信武.高校篮球技战术教学与实战训练[M].北京：人民体育出版社,2010.

[41] 陈钧,郭永波,等.篮球理论教学概论：运动系专修[M].北京：北京体育大学出版社,2017.

[42] 孙民治.篮球运动高级教程[M].北京：人民体育出版社,2000.

[43] 王培菊,李剑.篮球技战术教学与训练[M].北京：北京体育大学出版社,2018.

[44]Stephenson S D, Kocan J W, Vinod A V, et al. A Comprehensive Summary of Systematic Reviewson Sports Injury Prevention Strategies[J]. Orthop JSportsMed.2021,9（10）：23259671211035776.

[45]Sasaki S, Tsuda E, Yamamoto Y, et al. Core-Muscle Trainingand Neuromuscular Control of the Lower Limband Trunk.JAthl Train.2019,54（9）：959-969.

[46]Trojian T H, CraccoA, HallM, et al. Basketballinjuries: caringforabasketballteam.Curr Sports Med Rep. 2013,12（5）：321-8.

[47]LongoUG, LoppiniM, BertonA, et al. TheFIFA11+programiseffectiveinpreventinginjuriesinelitemalebasketballplayers：aclusterrandomiz

edcontrolledtrial.AmJSportsMed.2012,40（5）:996-1005.

[48]TaylorJB,FordKR,NguyenAD,et al. PreventionofLowerExtremityInjuriesinBasketball:ASystematicReviewandMeta-Analysis.SportsHealth.2015,7（5）:392-8.

[49]KilicÖ,VanOsV,KemlerE,et al. The'SequenceofPrevention'formusculoskeletalinjuriesamongrecreationalbasketballers:asystematicreviewofthescientificliterature.PhysSportsmed.2018,46（2）:197-212.

[50]EmeryCA,OwoeyeOBA,RäisänenAM,et al. The"SHRedInjuriesBasketball"NeuromuscularTrainingWarm-upProgramReducesAnkleandKneeInjuryRatesby36%inYouthBasketball.JOrthopSportsPhysTher.2022,52（1）:40-48.

[51]Lior Laver,Baris Kocaoglu,Brian Cole,et al. Basketball Sports Medicineand Science[M].Springer,Berlin,Heidelberg.

[52]黄涛.运动损伤的治疗与康复[M].北京:北京体育大学出版社:2010.

[53]李颖川,于振峰,等.篮球游戏理论与方法[M].北京:北京体育大学出版社,2007.

[54]孙海勇.篮球教学创新与系统训练研究[M].长春:吉林大学出版社,2019.

[55]张轩.素质教育视角下学校篮球价值探析与实践研究[M].长春:吉林大学出版社,2019.

[56]于洋.高校篮球教学创新模式研究[M].北京:新华出版社,2020.

[57]卢雁.特奥融合学校发展指南[M].沈阳:辽海出版社,2021.

[58]袁庆成.人体运动分析[M].北京:人民体育出版社,1981.

[59]张英波.现代体能训练方法[M].北京:北京体育大学出版社,2006.

[60]吴东明等.体能训练[M].北京:高等教育出版社,2005.

[61]姜波.OBE:以结果为基础的教育[J].外国教育研究,2003,35-7.

[62]张男星,张炼,王新凤,等.理解OBE:起源、核心与实践边界——兼议专业教育的范式转变[J].高等工程教育研究,2020,109-115.

[63]武冬.体育课程思政原理、设计、问题研究[J].北京体育大学学

报,2022,45：12-24.

[64] 关跃奇,魏克湘,关汗青,等 .OBE 理念下机械类人才培养体系中融入课程思政的研究与实践——以机械设计制造及其自动化专业为例 [J]. 湖南工程学院学报(社会科学版),2022,32：81-87.

[65] 赵富学 . 高校体育课程思政资源共建共享的区域性协作机制研究 [J]. 北京体育大学学报,2022,45：1-11.

[66] 何吉,应存玺 . "课程思政"视域下高校体育课程与思政教育协同育人路径研究 [J]. 产业与科技论坛,2022,21：175-176.

[67] 赵富学,黄莉,吕钶 . 体育课程思政研究的热点归集、问题聚焦及未来走势 [J]. 武汉体育学院学报,2022,56：22-28.

[68] 范正,李晓晨,白惠丰 . 高校公共体育课程融入课程思政的路径研究 [J]. 当代体育科技,2022,12：125-127.

[69] 马得平,张君孝 . "寓德于体"理念下高校体育课程思政建设的价值审思、现实困境、路径抉择 [J]. 浙江体育科学,2022,44：62-66.

[70] 赵富学,李林,王杰,等 . 高校体育课程思政建设提质增效的方法创新与路径推展研究 [J]. 天津体育学院学报,2022,37：387-394.

[71] 梁凤波,刘颖琦 . 推进高校体育"课程思政"建设的价值与路径 [J]. 中国高等教育,2022,37-38+53.

[72] 胡德平 . 体育课程思政的理论内涵、内容体系与建设路径 [J]. 武汉体育学院学报,2022,56：13-21.

[73] 高晓峰 . 体育课程思政的历史传承、理论内涵与实践路径 [J]. 北京体育大学学报,2022,45：36-47.